Fondues

02/03

D1829841

Rezept	Seite	Kalorien/Portion	Gelingt leicht	Schmeckt Kindern	Braucht etwas Zeit	Raffiniert	Kalorienarm	Vegetarisch	Gut vorzubereiten	Preiswert
Käsefondue mit Lauch und Schinken	6	1200	●			●				
Fondue mit dreierlei Käsesorten	6	1070	●					●		
Käsefondue mit Steinpilzen	8	1045	●			●		●		
Käse-Tomaten-Fondue	8	1065	●					●	●	●
Schafkäse-Fondue	10	780	●					●	●	
Käse-Curry-Fondue	11	780	●	●		●			●	
Frischkäse-Kräuter-Fondue	12	760	●			●			●	
Fondue Normandie	12	1180	●			●		●		
Käse-Walnuß-Fondue	14	750	●					●		●
Edelpilzkäse-Fondue	14	1040	●			●		●		
Hack-Fondue	18	1050	●			●			●	
Tex-Mex-Fondue	18	1040			●	●			●	
Klassisches Fleischfondue	20	1020	●	●		●			●	
Geflügelfondue mit Artischocken	21	850	●						●	●
Rustikales Fleischfondue	22	1510	●	●					●	●
Kartoffel-Fondue	22	995	●	●					●	●
Enten-Fondue	24	805			●	●			●	
Fondue mit Knuspergemüse	25	830	●					●	●	●
Chips'n'Dips	26	850	●						●	
Muschel-Fondue	26	925			●	●			●	
Fisch-Fondue	30	370	●			●	●		●	
Curry-Fondue	30	1020			●	●			●	
Schweinefilet in Chilibrühe	32	490	●			●	●		●	
Überraschungsfondue	33	470			●	●	●			
Fondue alla famiglia	34	945		●	●				●	

Rezept	Seite	Kalorien/Portion	Gelingt leicht	Schmeckt Kindern	Braucht etwas Zeit	Raffiniert	Kalorienarm	Vegetarisch	Gut vorzubereiten	Preiswert
Fondue mit Kasseler	34	1055	●		●				●	
Wild-Fondue	36	450	●			●	●		●	
Wein-Fondue	36	890	●			●			●	
Gemüsefondue mit dreierlei Saucen	38	785	●	●					●	●
Wiener Fondue	38	970			●	●			●	
Chinesischer Feuertopf	42	440			●	●	●			
Koreanischer Feuertopf	44	470	●			●	●			
Mongolentopf	44	820	●			●			●	
Shabu-Shabu aus Japan	46	450				●	●		●	
Sukiyaki	46	640	●			●			●	
Piemontesisches Gemüsefondue	48	1240	●						●	●
Fondue à la USA	49	850	●	●					●	
Schweizer Käsefondue	50	1185	●					●		●
Fonduta aus Italien	50	940	●			●		●		●
Süß-scharfes Gemüse	54	190	●			●	●	●	●	●
Zucchini-Relish	54	230	●			●		●	●	●
Tomaten-Gurken-Chutney	56	70	●				●	●	●	●
Zwiebel-Chutney	56	85	●			●	●	●	●	●
Apfel-Ingwer-Chutney	57	240	●			●		●	●	●
Ananas-Chutney	57	190	●			●	●	●	●	
Kartoffel-Knoblauch-Sauce	58	145	●				●			●
Petersilien-Walnuß-Pesto	58	375				●		●	●	
Schokoladen-Obst-Fondue	60	650	●	●		●				
Exoten-Kokos-Fondue	61	275	●	●		●	●			

-Wegweiser

Käse-fondues

Stilecht kommt Käsefondue in einem Topf aus Keramik oder Steingut auf den Tisch. In der Schweiz nennt man ihn Caquelon oder Fondue-Kachel. Das glasierte, feuerfeste Material nimmt die Hitze langsam auf und gibt sie sanft an den Käse weiter. Ideal ist ein Topf mit geschliffenem Boden, denn den können Sie direkt auf den Herd stellen. Beachten Sie, daß der Durchmesser des Topfbodens mit der Größe der Herdplatte übereinstimmt, sonst kann der Topf zerspringen. Notfalls läßt sich Käsefondue auch im Kochtopf oder Fleischfondue-Topf zubereiten. Achten Sie aber darauf, daß die Hitze nie so groß wird, daß der Käse ansetzt.

Im Mittelpunkt: guter Käse

Jedes Käsefondue ist so gut wie der Käse, den Sie dazu verwenden. Kaufen Sie ihn immer am Stück. Schnitt- und Hartkäse mit einem Fettgehalt ab 45 % Fett i.Tr. eignen sich besonders gut zum Schmelzen, zum Beispiel Emmentaler, Greyerzer, Appenzeller, Cheddar, Gouda und Butterkäse. Je jünger ein Käse, um so milder schmeckt das Fondue, je reifer der Käse, um so kräftiger und cremiger wird es. Bis zu drei Sorten unterschiedlicher Reife können Sie mischen.

Drei Käsesorten, die gut schmelzen: links hinten Appenzeller, in der Mitte Cheddar, rechts Emmentaler.

Wein und Brot

Das klassische Käsefondue wird mit gutem, trockenem Weißwein zubereitet, der mitentscheidend fürs Gelingen ist. Die natürliche Säure des Weines bewirkt, daß der Käse glatt und cremig wird und nicht gerinnt. Jüngere Weine sind daher am besten geeignet, ältere haben meist zu wenig Säure. Zur Sicherheit können Sie 1 oder 2 Teelöffel Zitronensaft hinzufügen. Auch Apfelwein (Cidre) eignet sich gut fürs Käsefondue. Ihn gibt es mittlerweile schon alkoholfrei und so ist er eine gute Alternative, wenn Kinder mitessen. Wenn Sie andere Flüssigkeiten nehmen, zum Beispiel Bier, sollten Sie grundsätzlich 1 Eßlöffel Zitronensaft zugeben. Beim Brot haben Sie die große Auswahl. Es eignen sich alle Sorten, bis auf Toast und schwere Vollkornbrote. Köstlich schmecken alle Arten von frischem Weißbrot mit viel Kruste und Mischbrote mit Nüssen und Gewürzen. Beim Aufspießen auf die Fonduegabel sollte man immer durch die Brotkrume stechen, damit die Stücke nicht herunterfallen können.

Der richtige Dreh

Damit der Käse beim Schmelzen nicht zusammenklumpt, sollten Sie ihn mit einem Kochlöffel in Form einer Acht rühren.

Optimal ist die Konsistenz des Fondues, wenn die Käsemasse glatt und cremig ist und einen Brotwürfel sanft umhüllt, ohne groß zu tropfen. Auf dem Rechaud muß das Fondue immer sanft vor sich hin blubbern, darf aber nicht zu heiß werden. Auch beim Essen die Brotwürfel oder Gemüsestücke in Achterbewegungen kräftig durch den Käse ziehen und mit einem leichten Dreh herausheben – so bleibt das Fondue bis zum letzten Bissen schön sämig.

Tips und Tricks

- Pro Person rechnet man mit 150-200 g Käse und Brot. Es wird immer halb soviel Flüssigkeit wie Käse verwendet.
- Ist die Konsistenz des Fondues zu dünn, noch etwas geriebenen Käse hinzufügen, ist die Masse zu dick, mit warmem Weißwein verdünnen.
- Sollte das Käsefondue einmal gerinnen, etwas angerührte Speisestärke hinzufügen und unter Rühren noch einmal kurz aufkochen lassen.

Wein, Tee oder ...?

Das ideale Getränk ist der Wein, mit dem das Käsefondue zubereitet wurde. Sehr gut paßt auch feiner schwarzer Tee. Ein »Wässerchen« wird meist zwischendurch getrunken, denn Kirschwasser und Co. helfen, gut zu verdauen.

Ob weiß oder dunkel, von luftig bis kernig – beim Brot ist Vielfalt Trumpf.

Käsefondue mit Lauch und Schinken

Gelingt leicht
Raffiniert

Für 4 Personen:

500 g dunkles Mehrkornbrot
400 g gekochter Schinken am Stück (ohne Fettrand)
400 g orangefarbener Cheddar
250 g Tilsiter
1 kleine Stange Lauch
1 EL Butter
2 TL Mehl
300 ml helles Bier (mit oder ohne Alkohol)
1-2 EL Zitronensaft
Pfeffer
frisch gemahlene Muskatnuß

Zubereitungszeit: 50 Min.

Pro Portion ca.: 5010 kJ/1200 kcal
68 g Ew/69 g F/69 g Kh

1 Das Brot in etwa 2 cm große Würfel schneiden. Portionsweise in einer trockenen Pfanne ohne Fett rundherum goldbraun rösten. Den Schinken in etwas kleinere Würfel als das Brot schneiden. Beides auf Platten oder Tellern dekorativ anrichten.

2 Die Käsesorten entrinden, grob raffeln oder fein würfeln. Den Lauch putzen, längs vierteln, waschen und in feine Streifen schneiden. Die Butter in einem Topf erhitzen. Den Lauch darin zugedeckt bei schwacher Hitze 3 Min. dünsten.

3 Das Mehl über den Lauch stäuben und kurz anschwitzen. Mit Bier und Zitronensaft ablöschen und zugedeckt bei mittlerer Hitze aufkochen lassen.

4 Den Käse nach und nach hinzufügen und bei schwacher Hitze unter ständigem Rühren in Achterbewegungen schmelzen lassen. Weiterrühren, bis eine dickflüssige, cremige Masse entstanden ist. Die Käsemischung kräftig mit Pfeffer und etwas Muskatnuß abschmecken und in einen vorgewärmten Fonduetopf umfüllen.

5 Das Fondue aufs brennende Rechaud stellen. Brot und Schinken auf Fonduegabeln spießen und durch die Käsemasse ziehen.

TIP!

Intensiver schmeckt's, wenn Sie etwas mittelscharfen Senf unter die Käsemasse rühren.

Fondue mit dreierlei Käsesorten

Gelingt leicht
Vegetarisch

Für 4 Personen:

750 g kräftiges Mischbrot
200 g Raclette-Käse
250 g Gaperon mit Knoblauch und Pfeffer oder anderer Knoblauch-Pfeffer-Käse
150 g Chevrol-Ziegenkäse
1 Knoblauchzehe
2 TL Speisestärke
300 ml trockener Weißwein
2 TL Zitronensaft
4 EL Apfelbrand oder Obstwasser
weißer Pfeffer
frisch gemahlene Muskatnuß
2 EL gehackte Petersilie

Zubereitungszeit: 30 Min.

Pro Portion ca.: 4470 kJ/1070 kcal
51 g Ew/44 g F/96 g Kh

1 Das Brot zuerst in fingerdicke Scheiben, dann in mundgerechte Stücke schneiden. In einem Korb oder auf einer Platte anrichten.

2 Alle Käsesorten entrinden, den Käse klein würfeln. Die Knoblauchzehe schälen.

3 Die Speisestärke mit 3 EL Wein glattrühren. Restlichen Wein und Zitronensaft in einen Fonduetopf gießen und einmal aufkochen lassen. Die Knoblauchzehe durch eine Presse dazudrücken.

4 Die Käsewürfel nach und nach in die Weinmischung geben und darin bei mittlerer Hitze unter ständigem Rühren in Achterbewegungen schmelzen lassen.

5 Die angerührte Stärke und den Apfelbrand oder das Obstwasser unter das Fondue rühren, einmal kräftig aufkochen lassen und mit Pfeffer und Muskatnuß abschmecken. Die Petersilie untermischen. Das Käsefondue auf das brennende Rechaud stellen. Brotwürfel auf Fonduegabeln spießen und durch die Käsemasse ziehen. Gut dazu schmeckt süß-scharfes Gemüse oder Zucchini-Relish (beides Seite 54).

Im Bild rechts: Käsefondue mit Lauch und Schinken
Im Bild links: Fondue mit dreierlei Käsesorten, daneben: Zucchini Relish

Käsefondue mit Steinpilzen

- Gelingt leicht
- Raffiniert

Für 4 Personen:

400 g Steinpilze
2 Schalotten
1 Knoblauchzehe
2 EL Öl
2 EL Zitronensaft
Salz
weißer Pfeffer
1 großes Stangenweißbrot
300 g Freiburger Vacherin (ersatzweise Butterkäse)
300 g Emmentaler
2 TL Speisestärke
300 ml trockener Weißwein
2 EL kleine Petersilienblätter

Zubereitungszeit: 50 Min.

Pro Portion ca.: 4375 kJ/1045 kcal
56 g Ew/52 g F/74 g Kh

1 Die Steinpilze, falls nötig, kurz kalt abspülen und trockentupfen. Dann putzen und in nicht zu dünne Scheiben schneiden. Schalotten und Knoblauch schälen, Schalotten fein würfeln.

2 Das Öl in einer Pfanne erhitzen. Steinpilze und Schalotten darin in 5 Min. goldbraun braten. Mit 1 EL Zitronensaft, Salz und Pfeffer würzen. Das Brot in mundgerechte Stücke schneiden.

3 Beide Käsesorten entrinden und würfeln. Die Speisestärke mit 4 EL Wein glattrühren. Die Knoblauchzehe längs halbieren und einen Fonduetopf damit ausreiben.

4 Restlichen Weißwein und übrigen Zitronensaft in den Fonduetopf gießen und bei mittlerer Hitze aufkochen. Den Käse nach und nach hinzufügen und darin bei schwacher Hitze unter ständigem Rühren in Achterbewegungen schmelzen lassen.

5 Die angerührte Speisestärke daruntermischen und die Käsemasse unter Rühren einmal aufkochen lassen. Pilze und Petersilienblättchen unter das Fondue ziehen, mit Pfeffer abschmecken.

6 Das Käsefondue auf das brennende Rechaud setzen. Die Brotwürfel auf Fonduegabeln spießen und durch die Käse-Steinpilzmasse ziehen.

Käse-Tomaten-Fondue

- Vegetarisch
- Preiswert

Für 4 Personen:

1 kg gemischtes Gemüse (zum Beispiel Blumenkohl, Brokkoli, Frühlingszwiebeln, rote und gelbe Paprikaschoten)
Salz
1 Baguette
3 reife Tomaten
400 g Appenzeller
250 g Raclette-Käse
1 Knoblauchzehe
2 TL Speisestärke
300 ml trockener Weißwein
2 TL Zitronensaft
4 EL Tomatenmark
1 TL getrockneter Thymian
Pfeffer

Zubereitungszeit: 1 1/4 Std.

Pro Portion ca.: 4450 kJ/1065 kcal
61 g Ew/61 g F/85 g Kh

1 Alle Gemüsesorten putzen, waschen, bei Bedarf schälen und in mundgerechte Stücke schneiden. Außer den Paprikastücken alles nacheinander in reichlich kochendem Salzwasser blanchieren - Blumenkohl 10 Min., Brokkolistiele 5 Min., Brokkoliröschen 3 Min und Frühlingszwiebeln 1 Min. Das Gemüse kalt abschrecken und gut abtropfen lassen. Mit den rohen Paprika auf Platten oder in Schüsseln dekorativ anrichten. Das Baguette in mundgerechte Stücke schneiden und in einen Korb füllen.

2 Von den Tomaten die Stielansätze herausschneiden. Tomaten überbrühen, kalt abschrecken, häuten, halbieren und entkernen. Das Fruchtfleisch fein hacken.

3 Beide Käsesorten entrinden, grob raffeln oder fein hobeln. Die Knoblauchzehe schälen und längs halbieren. Einen Fonduetopf damit kräftig ausreiben.

4 Die Speisestärke mit 4 EL Wein glattrühren. Restlichen Wein, Zitronensaft, Tomatenmark und Thymian in dem Fonduetopf bei mittlerer Hitze aufkochen lassen. Den Käse hinzufügen und unter ständigem Rühren in Achterbewegungen bei schwacher Hitze schmelzen lassen.

5 Sobald die Käsemasse cremig wird und Blasen wirft, die Tomaten und die angerührte Stärke unterziehen. Das Ganze unter Rühren einmal kurz aufkochen lassen und mit Pfeffer abschmecken.

6 Den Fonduetopf auf das brennende Rechaud stellen. Brot- und Gemüsestücke auf Fonduegabeln spießen und durch die Käse-Tomatenmasse ziehen.

TIP!

Für das Fondue können Sie auch andere Käsesorten, wie zum Beispiel Emmentaler, mittelalten Gouda oder Greyerzer verwenden. Etwas kräftiger wird der Geschmack wenn Sie statt Tomatenmark Paprikamark verwenden.

Im Bild oben: Käsefondue mit Steinpilzen
Im Bild unten: Käse-Tomaten-Fondue

Schafkäse-Fondue

- Gelingt leicht
- Vegetarisch

Für 4 Personen:

2 kleine Zucchini
1 kleine Aubergine
5 EL Olivenöl
1 rote Paprikaschote
2 Sesam-Fladenbrote
150 g Oliven
400 g schnittfester Schafkäse (z.B. Manchego)
300 g weicher, milder Schafkäse (z.B. Feta)
1 Zwiebel
1-2 Knoblauchzehen
300 ml leichte Gemüsebrühe
1 EL Zitronensaft
1 TL getrockneter Oregano
1 EL Speisestärke
Pfeffer
2 EL gehackte Petersilie

Zubereitungszeit: 50 Min.

Pro Portion ca.: 3265 kJ/780 kcal
31 g Ew/54 g F/48 g Kh

1 Zucchini und Aubergine putzen und waschen. In 1–2 cm große Würfel schneiden. Beides getrennt in einer großen Pfanne in je 2 EL Öl rundherum goldgelb anbraten. Auf Küchenpapier entfetten.

2 Die Paprikaschote vierteln, putzen, waschen und in mundgerechte Stücke schneiden. Die Fladenbrote würfeln. Vorbereitetes Gemüse, Brot und Oliven auf Platten anrichten.

3 Schnittkäse entrinden und grob reiben, Weichkäse in kleine Stücke zerteilen. Zwiebel und Knoblauchzehen schälen und fein würfeln, in einem Topf im übrigen Öl weich dünsten. Brühe, Zitronensaft und Oregano hinzufügen und aufkochen lassen.

4 Nach und nach den Schnittkäse in die Flüssigkeit geben und unter ständigem Rühren in Achterbewegungen schmelzen lassen. Den Weichkäse hinzufügen und ebenfalls schmelzen lassen. Mit einem Pürierstab zu einer glatten Masse verarbeiten.

5 Die Speisestärke mit etwas Wasser verquirlen, in die Käsemasse rühren und einmal kräftig aufkochen lassen. Mit Pfeffer abschmecken, die Petersilie untermischen.

6 Die Käsemasse in einen vorgewärmten Fonduetopf umfüllen und auf das brennende Rechaud stellen. Gemüsestücke und Brot auf Fonduegabeln spießen und durch den Käse ziehen. Die Oliven dazu essen.

Käse-Curry-Fondue

- Gelingt leicht
- Raffiniert

Für 4 Personen:

je 300 g Möhren, Knollensellerie und Lauch
200 g Cocktailtomaten
Salz
200 g Roastbeef-Aufschnitt
300 g Chester-Käse
1 gestr. EL Speisestärke
1-2 EL Currypulver
300 ml Milch
300 g Rahmfrischkäse
Pfeffer
1-2 EL Zitronensaft

Zubereitungszeit: 50 Min.

Pro Portion ca.: 3270 kJ/780 kcal
37 g Ew/62 g F/22 g Kh

1 Möhren und Sellerie schälen und waschen, Möhren in Scheiben, Sellerie in mundgerechte Würfel schneiden. Den Lauch putzen, waschen und in 2 cm dicke Stücke schneiden. Tomaten waschen und abtrocknen.

2 Sellerie, Möhren und Lauch nacheinander in sprudelnd kochendem Salzwasser 4 Min. blanchieren. Kalt abschrecken und gut abtropfen lassen.

3 Die Roastbeefscheiben längs halbieren und locker aufrollen. Roastbeefröllchen mit dem Gemüse auf Platten anrichten.

4 Den Chester entrinden und reiben. Die Speisestärke und das Currypulver mit etwas Milch glattrühren. Die restliche Milch bei schwacher Hitze in einem Fonduetopf erhitzen.

5 Nach und nach den geriebenen Käse hinzufügen und unter Rühren in Achterbewegungen schmelzen lassen. Dann den Frischkäse hineingeben, alles zu einer glatten Masse verrühren.

6 Die Speisestärke-Curry-Mischung dazugießen, die Käsemasse unter Rühren einmal kräftig aufkochen lassen, mit Pfeffer und Zitronensaft würzen.

7 Fonduetopf auf das brennende Rechaud stellen. Gemüse und Roastbeef auf Fonduegabeln spießen und durch den Käse ziehen. Nach Belieben Brot dazu servieren.

Frischkäse-Kräuter-Fondue

● Raffiniert
● Gelingt leicht

Für 4 Personen:

600 g grüner Spargel
2 Kohlrabi
300 g gekochte, ausgelöste Garnelenschwänze
4 EL Zitronensaft
Salz
1 Zwiebel
1 Knoblauchzehe
1 EL Butter
200 ml Gemüsebrühe
100 g Sahne
600 g Frischkäse
4–5 EL gemischte, feingehackte Kräuter
Pfeffer

Zubereitungszeit: 50 Min.

Pro Portion ca.: 3185 kJ/760 kcal
31 g Ew/64 g F/20 g Kh

1 Vom Spargel, falls nötig, nur das untere Drittel abschälen und die holzigen Enden entfernen. Den Spargel waschen und schräg in 4 cm lange Stücke schneiden. Kohlrabi schälen und mundgerecht würfeln. Die Garnelenschwänze mit 2 EL Zitronensaft beträufeln.

2 In sprudelnd kochendem Salzwasser die Kohlrabiwürfel 3 Min. blanchieren, herausheben und gut abtropfen lassen. Den Spargel in etwas Salzwasser in 8–10 Min. knackig garen, kalt abschrecken und sehr gut abtropfen lassen.

3 Spargel, Kohlrabi und Garnelen auf Platten oder Tellern anrichten.

4 Die Zwiebel und den Knoblauch schälen, die Zwiebel sehr fein würfeln. Die Butter in einem Topf erhitzen und die Zwiebel darin hellgelb andünsten. Den Knoblauch durch eine Presse dazudrücken. Mit Gemüsebrühe ablöschen und bei schwacher Hitze 5 Min. köcheln lassen.

5 Die Sahne und den Frischkäse in den Topf geben, alles zu einer glatten, cremigen Masse verrühren. Die Kräuter untermischen und das Fondue mit restlichem Zitronensaft und Pfeffer abschmecken. Die Käsemasse in einen vorgewärmten Fonduetopf umfüllen und auf das brennende Rechaud stellen.

6 Gemüse und Garnelenschwänze auf Fonduegabeln spießen und durch die Käse-Kräutermasse ziehen. Dazu Stangenweißbrot oder Sesamfladen servieren.

Fondue Normandie

● Raffiniert
● Vegetarisch

Für 4 Personen:

800 g Rohmilch-Camembert (ersatzweise beliebigen anderen Camembert)
1 großes Baguette
4–5 kleine, rotschalige Äpfel
5 EL Zitronensaft
1 Knoblauchzehe
250 ml herber Cidre (Apfelwein)
100 g Sahne
2 TL Speisestärke
4 EL Calvados (ersatzweise anderen Apfelbrand oder Apfelsaft)
weißer Pfeffer

Zubereitungszeit: 40 Min.

Pro Portion ca.: 4935 kJ/1180 kcal
51 g Ew/65 g F/91 g Kh

1 Vom Camembert die Rinde entfernen, den Käse in kleine Stücke zerteilen. Das Baguette in mundgerechte Würfel schneiden. Die Äpfel waschen, abtrocknen, vierteln, entkernen und in nicht zu dünne Spalten schneiden. Sofort mit etwas Zitronensaft bepinseln, damit sie sich nicht verfärben. Brot und Äpfel auf Platten anrichten.

2 Die Knoblauchzehe schälen, längs halbieren und mit den Schnittflächen einen Fonduetopf kräftig ausreiben. Cidre, restlichen Zitronensaft und Sahne in den Topf gießen und bei mittlerer Hitze aufkochen lassen.

3 Den Camembert nach und nach hinzufügen und bei schwacher Hitze unter ständigem Rühren in Achterbewegungen darin schmelzen lassen. Solange weiterrühren, bis die Masse dickflüssig und cremig ist.

4 Die Speisestärke mit dem Calvados glattrühren, zur Käsemischung geben, unter kräftigem Rühren kurz aufkochen lassen. Mit Pfeffer abschmecken.

5 Den Fonduetopf auf das brennende Rechaud stellen. Die Brot- und Apfelstücke auf Fonduegabeln spießen und durch die Camembertmasse ziehen.

Im Bild oben: Fondue Normandie
Im Bild unten: Frischkäse-Kräuter-Fondue

Käse-Walnuß-Fondue

- Preiswert
- Vegetarisch

Für 4 Personen:

500 g möglichst kleine, festkochende Kartoffeln
500 g Möhren · Salz
300 g Butterkäse
300 g mittelalter Gouda
60 g Walnußkerne
2 TL Speisestärke
300 ml trockener Weißwein
2 TL Zitronensaft
Pfeffer
frisch gemahlene Muskatnuß
2 EL Schnittlauchröllchen

Zubereitungszeit: 45 Min.

Pro Portion ca.: 3120 kJ/750 kcal
40 g Ew/45 g F/34 g Kh

1 Die Kartoffeln unter Wasser abbürsten und in der Schale, je nach Größe, in 15-20 Min. gerade gar kochen.

2 Inzwischen die Möhren schälen, waschen und schräg in 1 1/2 cm dicke Scheiben schneiden. In sprudelnd kochendem Salzwasser in 5 Min. knackig garen. Anschließend kalt abschrecken und gut abtropfen lassen.

3 Die Kartoffeln nach Belieben pellen oder in der Schale lassen und warm halten. Die Möhren dekorativ auf einem Teller anrichten.

4 Beide Käsesorten entrinden, grob reiben oder fein hobeln. Die Nüsse grob hacken. Die Speisestärke mit 4 EL Wein glattrühren. Restlichen Wein und Zitronensaft in einem Fonduetopf aufkochen. Den Käse nach und nach hinzufügen und unter ständigem Rühren in Achterbewegungen bei schwacher Hitze schmelzen lassen.

5 Die Speisestärke in die Käsemasse rühren, einmal kurz aufkochen lassen. Die Nüsse unter die Käsecreme mischen, mit Pfeffer und Muskatnuß abschmecken und mit Schnittlauch bestreuen.

6 Den Fonduetopf auf das brennende Rechaud stellen. Kartoffeln und Möhren auf Fonduegabeln spießen und durch die Käse-Nuß-Masse ziehen.

VARIANTE

Probieren Sie das Fondue auch mal mit Haselnüssen aus, und nehmen Sie statt Kartoffeln verschiedene Brotsorten.

Edelpilzkäse-Fondue

- Raffiniert
- Vegetarisch

Für 4 Personen:

6 Stangen Staudensellerie
200 g möglichst gleich große Champignons
6 kleine Tomaten
2 reife, festfleischige Birnen
2 EL Zitronensaft
400 g Nußbrot
1 Knoblauchzehe
500 g Gorgonzola (ersatzweise Roquefort, Castello blau oder Bleu d'Auvergne)
ca. 300 ml Milch
200 g Frischkäse
3 TL Speisestärke
Pfeffer

Zubereitungszeit: 45 Min.

Pro Portion ca.: 4345 kJ/1040 kcal
42 g Ew/65 g F/77 g Kh

1 Den Staudensellerie putzen, waschen, trockentupfen und schräg in 3 cm lange Stücke schneiden. Die Champignons putzen, falls nötig, nur kurz waschen und trockentupfen.

2 Tomaten und Birnen waschen und abtrocknen. Die Tomaten vierteln, die Stielansätze entfernen. Die Birnen mit Schale vierteln, entkernen und in nicht zu dünne Stücke schneiden. Sofort mit dem Zitronensaft bespinseln, damit sie sich nicht verfärben.

3 Das Nußbrot zuerst in fingerdicke Scheiben, dann in mundgerechte Stücke schneiden. Brot, Staudensellerie, Champignons, Tomaten und Birnen dekorativ auf Platten anrichten.

4 Die Knoblauchzehe schälen und längs halbieren. Einen Fonduetopf mit den Schnittflächen der Knoblauchzehe kräftig ausreiben. Vom Gorgonzola die Rinde entfernen, den Käse in kleine Stücke teilen.

5 250 ml Milch im Fonduetopf erhitzen, den Gorgonzola nach und nach hinzufügen und unter Rühren in Achterbewegungen schmelzen lassen. Den Frischkäse nach und nach dazugeben. Alles mit einem Handrührgerät zu einer glatten Masse verarbeiten. Falls nötig, noch etwas Milch hinzufügen.

6 Die Speisestärke mit restlicher Milch glattrühren, ins Fondue gießen und unter Rühren einmal kräftig aufkochen lassen. Das Edelpilzkäse-Fondue mit Pfeffer abschmecken und auf das brennende

Rechaud stellen. Gemüse, Birnen, Pilze und Nußbrot auf Fonduegabeln spießen und durch die Käsemasse ziehen.

VARIANTE

Servieren Sie statt Staudensellerie rohen Fenchel und anstelle der Birnen aromatische, festfleischige Äpfel.

TIP!

Falls Sie kein Nußbrot bekommen können, kaufen Sie kräftiges Sonnenblumen- oder Kürbiskernbrot, es schmeckt ebenso fein.

Im Bild oben: Edelpilzkäse-Fondue
Im Bild unten: Käse-Walnuß-Fondue

Fondues mit Fett

Das macht Laune, wenn's im Topf brutzelt und allerlei köstliche Saucen zum Dippen einladen. Das Schöne daran: Selbst die Gastgeber haben Zeit und Muße zum Plaudern und Genießen, denn alles läßt sich wunderbar vorbereiten. Am Tisch ist jeder sein eigener Koch und gabelt nach Herzenslust auf, was ihm schmeckt.

Das Rechaud

Das Rechaud ist die notwendige Feuerstelle für alle Fondue-Varianten. Ein Stövchen mit Teelichten ist (abgesehen vom temperaturempfindlichen Schokoladen-Fondue) ungeeignet, denn es bringt nicht genügend Hitze her. In modernen Brennern steckt ein auswechselbares, mit spezieller Brennpaste gefülltes Alu-Schälchen.

Die Vorteile gegenüber Brennspiritus: Brennpaste ist einfacher zu handhaben, ungefährlicher und riecht weniger. Die Alternativen zu echtem Feuer sind elektrische Plattenrechauds und Elektro-Fonduegeräte. Durch stufenlose Regler lassen sich hier die Temperaturen einstellen, zum Beispiel 85° für ein Käsefondue, 100° für ein Fondue mit Brühe und 180° für ein Fett-Fondue.

Der Fondue-Topf

Für Fett-Fondues braucht man starke Hitze und deshalb einen Topf aus gut leitendem Material, aus feuerfestem Glas, Gußeisen, Edelstahl oder Kupfer. Der Topf sollte sich oben leicht verjüngen, damit Fett oder Brühe nicht herausspritzen können. Nützlich für ein Fondue mit Fett ist ein spezieller Spritzschutz, der gleichzeitig als Gabelhalter dient (siehe großes Foto S. 17).

Praktisches Zubehör

Unentbehrlich sind pro Person ein bis zwei Fonduegabeln. Sie haben beim Fleischfondue zwei Zinken zum Aufspießen der Zutaten und sind farblich gekennzeichnet, so daß jeder seine Leckerbissen wiederfindet. Fonduegabeln werden ausschließlich zum Garen benutzt, gegessen wird dann mit normalem Besteck. Der Fachhandel bietet eine große Auswahl an Fondutellern mit Einteilungen für Fleisch oder Fisch, Gemüse und Saucen. Sie können aber auch normale Eßteller nehmen.

Das richtige Fett

Fonduefette müssen auf 180° erhitzt werden, damit sich, vor allem beim Fleisch, die Poren schnell schließen, kein Saft nach außen und kein Fett nach innen dringen kann. Besonders gut eignen sich dafür spezielle Fritierfette, geruchs- und geschmacksneutrale Pflanzenöle, wie Sonnenblumen-, Erdnuß- oder Sojaöl, reines Kokosfett und Butterschmalz. Butter, Margarine und kaltgepreßte Öle sind nichts fürs Fondue. Füllen Sie den Fonduetopf zur Hälfte mit Fett und lassen Sie es zugedeckt heiß werden. Die Temperatur des Fettes ist genau richtig, wenn an einem Holzlöffelstiel, den man hineinhält, Bläschen aufsteigen.

Wenn Sie das abgekühlte Fett nach dem Essen durch einen Papier-Kaffeefilter gießen und kühl und dunkel lagern, können Sie es noch ein- bis zweimal fürs Fondue oder zum Braten verwenden. Danach nicht in den Ausguß gießen, sondern zum Alt-Öl geben.

Die Qualität der Zutaten

Ob Fleisch, Geflügel, Fisch oder Gemüse, auf erstklassige Qualität sollten Sie achten. Als Fleisch eignen sich alle gut abgehangenen Kurzbratstücke vom Rind, wie Filet, Lende und Steak. Vom Schwein sind es das Filet und Schnitzelfleisch. Beim Geflügel bieten sich die ausgelösten Brustfilets an. Bestens verwenden lassen sich auch Fischfilets und Meeresfrüchte. Gemüse und Obst bringen Farbe und Vielfalt ins kulinarische Spiel.

Die Grundausstattung fürs Fondue: Fonduetopf mit Spritzschutz und passendem Rechaud, Fonduegabeln, Teller mit Einteilungen und Schälchen für die Saucen.

Tips und Tricks

- Alle Fonduezutaten gut trockentupfen und nicht vorher salzen, damit beim Hineintauchen das heiße Fett nicht spritzt.
- Nie zu viele Gabeln auf einmal ins heiße Fett halten, weil dieses sonst zu schnell abkühlt und die Zutaten nicht mehr richtig garen.
- Den heißen Fonduetopf mit dem brennenden Rechaud nie unbeobachtet lassen. Vor allem wenn Kinder mitessen, ganz besonders vorsichtig sein.

Hack-Fondue

- Gelingt leicht
- Gut vorzubereiten

Für 4 Personen:

Für die Fleischbällchen:
1 Frühlingszwiebel
1 kleine, rote Chilischote
1 EL Pinienkerne
400 g Lammhackfleisch (ersatzweise Rinderhack)
2 Eier
abgeriebene Schale und Saft von 1 unbehandelten Zitrone
1 TL getrockneter Oregano
2-4 EL Semmelbrösel
Salz · Pfeffer
400 g Bratwurstbrät
1 EL Sultaninen
2 EL gehackte Petersilie

Für den Minze-Dip:
1/4 Salatgurke
1/2 Bund Dill
3 Stengel frische Minze
1-2 Knoblauchzehen
200 g Sahnejoghurt
1 EL Weißweinessig
Salz · Pfeffer

Für den Curry-Dip:
1 kleine Möhre
200 g Currysauce (Fertigprodukt)
1-2 EL Zitronensaft

Außerdem:
1,5 l Pflanzenöl

Vorbereitungszeit: 1 1/4 Std.

Pro Portion ca.: 4350 kJ/1050 kcal
37 g Ew/37 g F/45 g Kh

1 Frühlingszwiebel und Chilischote putzen und waschen. Chilischote entkernen, beides fein hacken. Pinienkerne grob hacken.

2 Für die Lammfleischbällchen Lammhack, Frühlingszwiebel, 1 Ei, Zitronenschale und -saft, Oregano und 1-2 EL Semmelbrösel vermischen. Salzen und pfeffern.

3 Für die Brätbällchen Bratwurstbrät, Sultaninen, Chilischote, Pinienkerne, Petersilie, übriges Ei und 1-2 EL Semmelbrösel verkneten. Mit Salz und Pfeffer würzen.

4 Aus beiden Fleischteigen walnußgroße Bällchen formen. Auf einer Platte anrichten.

5 Für den Minze-Dip die Gurke schälen, längs halbieren, entkernen, grob raspeln. Kräuter waschen und hacken. Knoblauch schälen. Joghurt mit Essig, Gurke und Kräutern vermischen. Knoblauch dazupressen, mit Salz und Pfeffer würzen.

6 Für den Curry-Dip die Möhre schälen, waschen, grob raspeln. Mit Currysauce vermengen, mit Zitronensaft abschmecken.

7 Öl erhitzen, aufs Rechaud stellen. Fleischbällchen in Fonduesieben oder auf Fonduegabeln im Fett braten. Mit Dips und Baguette servieren.

Tex-Mex-Fondue

- Gut vorzubereiten
- Raffiniert

Für 4 Personen:

Fürs Fondue:
400 g Rinderhüfte
400 g Putenbrust
3 Zwiebeln
5 Knoblauchzehen
1 Bund Bohnenkraut
1,5 l Pflanzenöl

Für den Ananas-Möhren-Salat:
3 Möhren
1 frische Ananas (800 g)
1 Zwiebel
1-2 rote Chilischoten
1 TL Zucker
4 EL Öl
Saft von 2 Orangen
Saft von 1 Zitrone
Salz
Pfeffer

Für die Mole negro:
2-4 rote Chilischoten
1 EL Sesamsamen
1 Zwiebel
2 Knoblauchzehen
40 g Nacho- oder Kartoffelchips
2 EL geröstete Erdnüsse
50 g Schweineschmalz
30 g Bitterschokolade
100 ml Hühnerbrühe (Instant)
gemahlener Zimt

Für die Guacamole:
1 Fleischtomate
1 weiße Zwiebel
4 Stengel Koriandergrün
2 grüne Chilischoten
2 reife Avocados
Saft von 1 Limette
Salz · Pfeffer

Vorbereitungszeit: 1 3/4 Std.
Marinierzeit: über Nacht

Pro Portion ca.: 4350 kJ/1040 kcal
52 g Ew/67 g F/66 g Kh

1 Am Vortag das Fleisch in dünne Scheiben, dann in Streifen schneiden. Zwiebeln und 3 Knoblauchzehen schälen. Zwiebeln in Ringe, Knoblauch in Scheiben schneiden. Bohnenkraut waschen. Alles mit 200 ml Öl vermengen. Über Nacht im Kühlschrank marinieren.

2 Für den Salat Möhren schälen und in dünne Scheiben hobeln. Ananas achteln, Strunk wegschneiden, Fruchtfleisch von der Schale lösen und in Scheiben schneiden. Zwiebel schälen und würfeln. Chilischoten putzen, entkernen, in Streifen schneiden. Möhren mit Zwiebel, Chilischoten und Zucker im Öl 1 Min. braten. Mit Orangen- und Zitronensaft ablöschen, Ananas dazugeben, zugedeckt 5 Min. dünsten. Mit Salz und Pfeffer abschmecken.

3 Für die Mole negro Chilischoten putzen, entkernen und hacken. Kerne mit Sesam in einer trockenen Pfanne anrösten. Zwiebel und Knoblauch schälen und würfeln, Chips und Nüsse zerstoßen. Schmalz erhitzen und alle vorbereiteten Zutaten darin 5 Min. dünsten. Schokolade darin schmelzen, alles mit der Brühe pürieren. Sauce mit Zimt würzen.

4 Für die Guacamole die Tomate kreuzweise einritzen, überbrühen, häuten, entkernen und würfeln. Zwiebel schälen und würfeln. Koriander waschen, Blätter hacken. Chilischoten putzen, entkernen und hacken. Avocados halbieren, Steine entfernen, Fruchtfleisch schälen. Mit der Gabel zerdrücken und mit den vorbereiteten Zutaten und Limettensaft mischen. Mit Salz und Pfeffer abschmecken.

5 Fleisch aus der Marinade nehmen, trockentupfen. Übrigen Knoblauch schälen und mit dem restlichen Öl im Fonduetopf erhitzen, herausnehmen. Mole negro erwärmen, sich absetzendes Fett abschütten. Fleisch auf Fonduegabeln spießen, im Öl knusprig braten und mit Saucen und Salat genießen.

Im Bild oben: Hack-Fondue
Im Bild unten: Tex-Mex-Fondue

Klassisches Fleischfondue

(Fondue bourguignonne)

● Gelingt leicht
● Raffiniert

Für 4 Personen:

Für die Senfsauce:
125 g leichte Mayonnaise
2 EL Magerquark
je 1 EL süßer und mittelscharfer Senf
1–2 EL Zitronensaft
Salz · Pfeffer
1 EL Schnittlauchröllchen
Für die Pfeffersauce:
100 g Crème fraîche
3 EL saure Sahne
3 EL Tomatenketchup
1 EL grüne Pfefferkörner
1 EL Weinbrand (nach Belieben)
Salz
ein paar Tropfen rote oder grüne Tabasco-Sauce
Für die Curry-Bananen-Sauce:
1 reife Banane
100 g leichte Mayonnaise
100 g Joghurt
1–2 EL mildes Currypulver
Salz
Pfeffer
2 EL Zitronensaft
ein paar Minzeblättchen
Fürs Fondue:
800 g Rinderfilet
je 1 kleines Glas Cornichons, Mixed Pickles und Silberzwiebeln (von je etwa 180 g Inhalt)
1 1/2 l Pflanzenöl oder 1,5 kg gehärtetes Fett
Salz
Pfeffer

Vorbereitungszeit: 40 Min.

Pro Portion ca: 4255 kJ/1020 kcal
40 g Ew/84 g F/24 g Kh

1 Für die Senfsauce Mayonnaise, Quark, Senf und Zitronensaft miteinander cremig rühren, mit Salz und Pfeffer würzen und mit Schnittlauch bestreuen.

2 Für die Peffersauce ebenfalls alle Zutaten kräftig verrühren.

3 Für die Curry-Bananen-Sauce die Banane schälen und mit einer Gabel zerdrücken. Mit Mayonnaise und Joghurt vermischen und mit Curry, Salz, Pfeffer und Zitronensaft abschmecken. Mit Minze bestreuen.

4 Fürs Fondue das Fleisch in 3 cm große Würfel schneiden und anrichten. Cornichons, Mixed Pickles und Silberzwiebeln getrennt abtropfen lassen und in Schüsselchen füllen. Das Fett in einem Fonduetopf erhitzen und auf das brennende Rechaud stellen.

5 Fleischstücke auf die Fonduegabeln spießen und im heißen Fett braten. Salzen, pfeffern und in die Saucen dippen. Dazu die Beilagen und reichlich Baguette servieren.

Geflügelfondue mit Artischocken

- Preiswert
- Gelingt leicht

Für 4 Personen:

Fürs Fondue:
400 g Hähnchen- oder Putenbrustfilet
250 g Geflügelleber
Pfeffer · 4 EL Sherry
1 Glas Artischockenherzen (200 g Inhalt)
150 g Frühstücksspeck
1 1/2 l Planzenöl oder 1,5 kg gehärtetes Fett
Für die Schnittlauch-Vinaigrette:
1 Tomate
50 g grüne Oliven, ohne Stein
1 Bund Schnittlauch
8 EL Zitronensaft · Salz
weißer Pfeffer
1/2 TL Senf
5 EL Olivenöl
5 EL Sonnenblumenöl
8 EL Gemüsebrühe
Außerdem:
Holzstäbchen

Vorbereitungszeit: 40 Min.

Pro Person etwa: 3565 kJ/ 850kcal
49 g Ew/63 g F/17 g Kh

1 Das Geflügelfleisch würfeln. Die Leber abspülen, trockentupfen und in mundgerechte Stücke schneiden. Beides getrennt mit Pfeffer und Sherry vermischen und zugedeckt marinieren.

2 Inzwischen für die Vinaigrette die Tomate kreuzweise einschneiden, überbrühen, häuten, halbieren und entkernen. Tomate und Oliven fein hacken. Den Schnittlauch waschen und in Röllchen schneiden.

3 Den Zitronensaft mit Salz, Pfeffer und Senf verrühren. Beide Ölsorten und die Brühe darunterschlagen. Die Tomate, die Oliven und den Schnittlauch untermischen.

4 Die Artischockenherzen in einem Sieb abtropfen lassen. Anschließend vierteln und mit Pfeffer bestreuen. Die Speckscheiben quer halbieren.

5 Artischockenviertel mit je einer Speckscheibe umwickeln. Mit Holzstäbchen feststecken. Fleisch aus der Marinade nehmen, trockentupfen und mit den Artischockenröllchen anrichten.

6 Das Fett in einem Fonduetopf erhitzen und auf das brennende Rechaud stellen. Zutaten auf Fonduegabeln spießen, im heißen Fett braten und in die Vinaigrette dippen.

Rustikales Fleischfondue

- Preiswert
- Gelingt leicht

Für 4 Personen:

Fürs Fondue:
1 Zwiebel · 1 TL Oregano
1 1/2 l Pflanzenöl
50 g eingelegte Paprika
500 g Hackfleisch
2 Eigelb · 1 TL Kapern
ca. 250 g Semmelbrösel
Salz · Tabasco
150 g Gewürzgurken
300 g gegarter Schweinebraten, in dünnen Scheiben
2 EL Senf · Mehl · 2 Eier
Für die Maissauce:
1 Dose Mais (200 g Inhalt)
150 g leichte Mayonnaise
100 ml Buttermilch
1 EL gehackte Petersilie
Salz · Worcestersauce
Cayennepfeffer
Zitronensaft
Für den Eiersalat:
1/2 Salatgurke
8 hartgekochte Eier
1 rote Paprika
1 Bund Salatkräuter
5 EL Weißweinessig
Salz · 1 TL Senf
8 EL Sonnenblumenöl
Außerdem:
Holzstäbchen

Vorbereitungszeit: 1 Std.
Marinierzeit: 30 Min.

Pro Portion ca.: 6310 kJ/1510 kcal
44 g Ew/87 g F/155 g Kh

1 Zwiebel schälen, würfeln, mit Oregano in 2 EL Öl glasig dünsten. Paprika hacken. Alles mit Hackfleisch, Eigelb, Kapern und 3-5 EL Semmelbröseln vermischen. Mit Salz und Tabasco würzen, zu nußgroßen Bällchen formen.

2 Für die Bratenröllchen Gurken längs vierteln. Bratenscheiben mit Senf bestreichen, mit Gurken belegen, einrollen. In Mehl, verquirlten Eiern und übrigen Semmelbröseln wenden.

3 Mais abtropfen lassen. Die Hälfte mit Mayonnaise und Buttermilch pürieren. Übrigen Mais und Petersilie dazugeben. Mit Salz, Worcestersauce, Cayennepfeffer und Zitronensaft würzen.

4 Für den Salat die Gurke schälen, halbieren und entkernen. In Scheiben schneiden. Eier pellen und achteln. Paprika putzen und würfeln. Kräuter waschen und hacken. Mit Essig, Salz, Senf und Öl verrühren. Mit Gurken, Paprika und Eiern vermischen. 30 Min. ziehen lassen.

5 Übriges Öl im Fonduetopf erhitzen. Fleischbällchen und Bratenröllchen in Fonduesieben ausbacken. Mit Sauce und Salat genießen.

Kartoffel-Fondue

- Preiswert
- Gut vorzubereiten

Für 4 Personen:

Fürs Fondue:
1 kg große, festkochende Kartoffeln
500 g möglichst kleine, festkochende Kartoffeln
2 EL Kümmelsamen
Salz
1 Glas Mixed Pickles (330 g Inhalt)
200 g Schalotten
300 g Frühstücksspeck
1,5 l Pflanzenöl oder
1,5 kg gehärtetes Fett
Für den Tomaten-Curry-Dip:
1 Knoblauchzehe · 1 EL Öl
1 EL mittelscharfes Currypulver
500 g Tomatenpüree (Fertigprodukt)
1/8 l Gemüsebrühe
Salz · Pfeffer

Vorbereitungszeit: 40 Min.

Pro Portion ca.: 4165 kJ/995 kcal
35 g Ew/61 g F/83 g Kh

1 Alle Kartoffeln waschen. Die großen Kartoffeln in Wasser mit dem Kümmelsamen in knapp 20 Min. fast gar kochen. Die kleinen Kartoffeln in Salzwasser in etwa 15 Min. knapp garen.

2 Inzwischen für den Dip die Knoblauchzehe schälen, fein hacken und in einem Topf im Öl andünsten. Das Currypulver darüberstäuben und unter Rühren kurz anschwitzen lassen.

3 Tomatenpüree und Brühe dazugeben. Das Ganze bei schwacher Hitze ohne Deckel dicklich einköcheln lassen. Mit Salz und Pfeffer abschmecken. Tomaten-Curry-Dip und Mixed Pickles getrennt in Schüsselchen füllen.

4 Die Kartoffeln nach Belieben pellen. Kleine Kartoffeln ganz lassen, die großen in dicke Stifte, in Würfel und Scheiben schneiden.

5 Die Schalotten schälen, größere längs halbieren, kleinere ganz lassen. Den Speck in 4 cm große Stücke schneiden. Alle Zutaten auf Platten anrichten.

6 Das Fett im Fonduetopf heiß werden lassen und aufs brennende Rechaud stellen. Bei Tisch die Zutaten auf Fonduegabeln spießen und fritieren. Mit Dip und Mixed Pickles genießen. Dazu passen außerdem frische Gurkenstücke und Petersilien-Walnuß-Pesto (Seite 58).

TIP!

Wenn's mal besonders schnell gehen soll, Sie aber trotzdem mehrere Dips anbieten möchten, probieren Sie das **blitzschnelle Saucenquartett: Für die Grundsauce** 500 g fettarme Quarkzubereitung (0,2 % Fett) mit 150 g Joghurt, 1 Prise Zucker, etwas Salz, Pfeffer und 2 EL Zitronensaft verrühren. **Limettensauce:** Unter ein Viertel der Grundsauce Saft und abgeriebene Schale von 1 Limette rühren. **Gurken-Senf-Sauce:** Das nächste Viertel der Grundsauce mit 100 g feingewürfelten Cornichons und 3 EL grobkörnigem Senf mischen. **Rote-Bete-Sauce:** Das dritte Viertel mit 100 g feingehackter roter Bete aus dem Glas und 1-2 TL Meerrettich verrühren. **Kressesauce:** Und für die restliche Grundsauce von 2 Kästchen Kresse die Blättchen abschneiden, waschen, abtropfen lassen und mit der Sauce vermischen. Alle vier Saucen nach Belieben noch mal abschmecken. Sie halten sich zugedeckt im Kühlschrank 1-2 Tage.

Im Bild oben: Kartoffel-Fondue
Im Bild unten: Rustikales Fleischfondue

Enten-Fondue

- Raffiniert
- Gut vorzubereiten

Für 4 Personen:

Fürs Fondue:
700 g Entenbrust
ca. 3 cm Ingwerwurzel
2 Knoblauchzehen
100 ml Sojasauce
3 EL Sherry-Essig
70 ml Pflaumensaft
1 1/2 l Pflanzenöl
Für die Gemüse-Pickles:
1 Salatgurke
1 kleiner Rettich · Salz
1 Möhre
1-2 rote Chilischoten
6 EL Obstessig
6 EL Apfelsaft
1 EL Zucker
Für die Erdnußsauce:
2 Knoblauchzehen
ca. 1 cm Ingwerwurzel
1 Stengel Zitronengras
100 g geröstete Erdnüsse
3 EL Sojasauce
1 TL brauner Zucker
400 ml ungesüßte Kokosmilch (Asienladen)
Für die Pflaumensauce:
200 g Backpflaumen, ohne Stein · 100 ml Rotwein
Saft von 1 Orange
1 EL Rotweinessig
1 EL Honig
Salz · Cayennepfeffer

Vorbereitungszeit: 1 Std.
Marinierzeit: 3 Std.

Pro Portion ca.: 3365 kJ/805 kcal
44 g Ew/50 g F/48 g Kh

1 Entenbrust in dünne Scheiben schneiden. Ingwer und Knoblauch schälen, in Scheiben schneiden. Beides mit Sojasauce, Essig und Pflaumensaft mischen. Entenbrust darin 3 Std. im Kühlschrank marinieren.

2 Für die Gemüse-Pickles Gurke und Rettich schälen, in dünne Scheiben hobeln und mit 4 TL Salz vermischen, 1 Std. im Sieb Wasser ziehen lassen.

3 Möhre schälen und in feine Streifen schneiden. Chilischoten putzen, entkernen und hacken. Beides mit Essig, Saft und Zucker aufkochen. Heiß mit Gurken und Rettich vermischen und 2 Std. ziehen lassen.

4 Für die Erdnußsauce Knoblauch und Ingwer schälen, Zitronengras putzen. Alles hacken. Mit übrigen Zutaten pürieren.

5 Für die Pflaumensauce Pflaumen, Wein, Saft, Essig und Honig 5 Min. kochen. Abgekühlt pürieren, durch ein Sieb streichen. Mit Salz und Cayennepfeffer würzen.

6 Öl im Fonduetopf erhitzen. Entenbrust trockentupfen und auf Fonduegabeln im Fett knusprig braten. Mit Pickles und Saucen genießen.

Fondue mit Knusper-gemüse

Preiswert
Vegetarisch

Für 4 Personen:

Für den Ausbackteig:
300 g Mehl · 2 Eier
abgeriebene, unbehandelte Schale von 1 Zitrone
Salz · Pfeffer
frisch geriebene Muskatnuß
300 ml Cidre (Apfelwein; ersatzweise Bier)

Für den Kräuterschmand:
2 Bund gemischte Salatkräuter
1/2 Bund Radieschen
400 g Schmand (stichfeste saure Sahne, 24 % Fett; ersatzweise Crème fraîche)
3 EL Joghurt · 1 TL Senf
Salz · Pfeffer
2 EL Zitronensaft

Fürs Fondue:
1,6 kg gemischtes Gemüse (z.B. Brokkoli, Blumenkohl, Paprikaschoten, Zucchini, Möhren, Kohlrabi)
Salz · Pfeffer
1 1/2 l Pflanzenöl oder 1,5 kg gehärtetes Fett

Vorbereitungszeit: 1 1/4 Std.

Pro Person ca.: 3465 kJ/830 kcal
19 g Ew/47 g F/87 g Kh

1 Aus Mehl, Eiern, Zitronenschale, 1 Prise Salz, etwas Pfeffer, Muskatnuß und Cidre einen glatten Teig rühren. Zugedeckt quellen lassen.

2 Inzwischen für den Kräuterschmand die Kräuter waschen und sehr fein hacken. Die Radieschen putzen, waschen und mit Schale fein raspeln. Beides mit Schmand, Joghurt und Senf verrühren. Mit Salz, Pfeffer und Zitronensaft würzen.

3 Alles Gemüse waschen, putzen, bei Bedarf schälen und in mundgerechte Stücke schneiden. Festere Gemüse wie Brokkoli, Blumenkohl, Möhren und Kohlrabi in kochendem Salzwasser 4–5 Minuten knackig garen, kalt abschrecken und gut abtropfen lassen. Alles salzen und pfeffern.

4 Den Teig in auf vier Schälchen verteilen. Gemüse dekorativ anrichten. Das Fett so heiß werden lassen, daß an einem Holzstäbchen, das man hineinhält, Bläschen aufsteigen.

5 Gemüse auf Fonduegabeln spießen, durch den Teig ziehen und abtropfen lassen. Im heißen Fett goldbraun fritieren, in den Kräuterschmand dippen und genießen.

Chips'n'Dips

- Gelingt leicht
- Gut vorzubereiten

Für 4 Personen:

Fürs Fondue:
500 g Kartoffeln
500 g Wurzelgemüse der Saison (Möhren, Sellerie, Petersilienwurzel, Rüben)
Salz · 1 1/2 l Pflanzenöl
Für den Ziegenkäse-Dip:
1 Bund Basilikum
150 g Ziegenkäse-Rolle
50 g geriebener Parmesan
50 g saure Sahne
50 g weiche Butter
Salz · Pfeffer
Für den Hot Dip:
1 Bund Frühlingszwiebeln
100 g Lachsschinken, in Scheiben
250 g Chilisauce (Fertigprodukt)
1 TL Honig
gemahlener Ingwer
Zitronensaft
Für die Champignoncreme:
200 g Champignons
1 Knoblauchzehe
2 EL Öl
4 EL trockener Sherry (ersatzweise klare Brühe)
200 g Sahne
50 g gewürfeltes Tomatenfleisch (Fertigprodukt)
1 EL gehackte Petersilie
Salz · Pfeffer · Zucker

Vorbereitungszeit: 1 Std.

Pro Portion ca.: 3550 kJ/850 kcal
29 g Ew/64 g F/40 g Kh

1 Kartoffeln und Gemüse putzen, schälen, in dünne Scheiben hobeln. In Salzwasser 2 Min. blanchieren, kalt abschrecken, gründlich trockentupfen.

2 Für den Ziegenkäse-Dip Basilikum waschen und hacken. Käse entrinden, zerdrücken, mit Basilikum, Parmesan, saurer Sahne und Butter vermischen. Salzen und pfeffern.

3 Für den Hot Dip die Frühlingszwiebeln putzen und in Röllchen schneiden. Schinken ohne Fett in Streifen schneiden. Beides mit Chilisauce und Honig verrühren, mit Ingwer und Zitronensaft abschmecken.

4 Für die Champignoncreme die Pilze abreiben, Knoblauch schälen. Beides in Stücke schneiden und im Öl anbraten, mit Sherry ablöschen und zugedeckt 1 Min. dünsten. Sahne und Tomatenwürfel dazugeben, alles sämig einkochen lassen. Petersilie dazugeben, die Creme mit Salz, Pfeffer und Zucker abschmecken.

5 Fett in einem Fonduetopf erhitzen. Kartoffel- und Gemüsescheiben kross ausbacken und mit Fonduesieben herausfischen. Nicht zuviel auf einmal in den Topf geben, damit die Hitze konstant bleibt! Chips leicht salzen und mit den Dips genießen.

Muschel-Fondue

- Gut vorzubereiten
- Braucht etwas Zeit

Für 6 Personen:

2 kg frische, gewässerte Miesmuscheln
1 1/2 l Pflanzenöl
1 Bund Salbei
250 g Speck, in Scheiben
Für die Sultaninensauce:
4 EL Sultaninen
5 EL Weinbrand (ersatzweise Wasser)
200 g Tomatenketchup
2 EL Johannisbeergelee
2 EL Traubensaft
1/2 TL Worcestersauce
1 TL Meerrettich
Für den Oliven-Mandel-Dip:
8 Sardellen
100 ml Milch
100 g entsteinte, grüne Oliven
100 g entsteinte, schwarze Oliven
1 Knoblauchzehe
1 Bund Schnittlauch
3 EL gemahlene Mandeln
3 EL kaltgepreßtes Olivenöl
Pfeffer · Zucker
Für die Zitronen-Mayonnaise:
1 unbehandelte Zitrone
6 Stengel Zitronenmelisse
2 Eigelb
200 ml kaltgepreßtes Olivenöl
200 ml Pflanzenöl
100 g Joghurt
Salz · Pfeffer · Zucker
Außerdem:
Holzstäbchen

Vorbereitungszeit: 1 1/2 Std.

Pro Portion ca.: 3870 kJ/925 kcal
38 g Ew/70 g F/32 g Kh

1 Die Muscheln gründlich abbrausen. Bärte entfernen, geöffnete Muscheln wegwerfen. 4 EL Öl in einem großen Topf stark erhitzen und die Muscheln zugeben. Zugedeckt unter öfterem Rütteln 3-5 Min. garen, bis sich die Muscheln öffnen.

2 Geschlossene Muscheln wegwerfen, übrige abkühlen lassen und aus den Schalen lösen. Salbei waschen, die Blätter abzupfen. Speckscheiben ohne Schwarte in etwa 5 cm breite Stücke teilen. Je ein Salbeiblatt daraufgeben, die Muscheln darin einrollen und mit Holzstäbchen feststecken.

3 Für die Sultaninensauce die Sultaninen waschen, tropfnaß mit dem Weinbrand aufkochen, abkühlen lassen und mit den übrigen Zutaten verrühren.

4 Für den Oliven-Mandel-Dip die Sardellen 30 Min. in Milch einlegen, abtropfen lassen und mit den Oliven und dem geschälten Knoblauch hacken. Schnittlauch waschen und in Röllchen schneiden. Alles mit Mandeln und Öl verrühren und mit Pfeffer und Zucker abschmecken.

5 Für die Mayonnaise die Zitrone heiß waschen, ein Viertel der Schale dünn abreiben und überbrühen. Die Zitrone auspressen. Zitronenmelisse waschen, die Blätter hacken.

6 Eigelb mit Zitronenschale und -saft verrühren und mit dem Handrührgerät aufschlagen. Dabei das Öl in dünnem Strahl einlaufen lassen, so daß eine homogene Sauce entsteht. Zitronenmelisse und Joghurt dazugeben. Mit Salz, Pfeffer und Zucker abschmecken.

7 Übriges Öl im Fonduetopf erhitzen, Muschelpäckchen auf Fonduegabeln stecken und im Öl knusprig ausbraten. Mit den Saucen genießen.

Im Bild oben: Chips'n'Dips
Im Bild unten: Muschel-Fondue

Fondues mit Brühe

Fondues, bei denen die Zutaten in Brühe statt in Fett gegart werden, haben ihren Ursprung in Asien. Bei uns finden diese Fondues immer mehr Anhänger, denn sie verbinden eine leichte, gesunde Küche mit neuen, interessanten Geschmackserlebnissen. Brühe-Fondues lassen sich im Fleischfonduetopf, in einem Kochtopf oder in einem kleinen Wok zubereiten. Wer's stilecht mag, serviert sie in einem original Feuertopf (Seite 40).

Richtig geschnitten ist halb gegart

Alle Zutaten für ein Brühe-Fondue müssen möglichst fein geschnitten werden. Für feine Streifen und Würfel: Fleisch, Gemüse und Pilze zuerst in dünne Scheiben, dann, aufeinandergelegt, in dünne Streifen schneiden und nach Bedarf auch würfeln. Fleisch vor dem Schneiden am besten in einen Gefrierbeutel packen und etwa 1 Std. anfrieren lassen. So können Sie es ganz leicht mit dem Messer oder dem elektrischen Allesschneider quer zur Fleischfaser in hauchdünne Scheiben schneiden. Fisch in nicht zu große Würfel oder Streifen schneiden. Beim Gemüse gilt grundsätzlich: Je zarter die Struktur, um so größer die Stücke, zum Beispiel bei Pilzen, Zuckerschoten, Lauch und Frühlingszwiebeln. Je fester die Struktur, um so feiner müssen die Stücke sein, zum Beispiel bei Möhren und Sellerie. Brokkoli, Blumenkohl, Rosenkohl und Bohnen sollten zusätzlich blanchiert werden.

Die Brühe als Basis

Wenn Sie Zeit und Lust haben, lohnt es sich, die Brühe selbst zu kochen. Sie läßt sich übrigens gut im voraus zubereiten und einfrieren. Wenn es schnell gehen soll, nehmen Sie fertige Fonds aus dem Glas oder Instantprodukte. Beim Dosieren von Instantbrühen genügt die Hälfte der angegebenen Pulver- oder Pastenmenge. Leicht muß die Brühe sein, damit die Zutaten beim Garen ihr Eigenaroma behalten. Während des Fondue-Essens wird die Brühe dann so kräftig, daß man sie zum Schluß als Süppchen genießen kann.

Hühnerbrühe fürs Fondue: Gemüse, Kräuter und Gewürze geben ihr ein feines Aroma.

Grundrezept für etwa 1 1/2 l leichte Brühe: Für eine Hühnerbrühe 1 Poularde oder 1,5 kg Hühnerklein mit 2 l Wasser, 1 Bund kleingeschnittenem Suppengrün, 1 geschälten und geviertelten Zwiebel sowie 1 Lorbeerblatt und 5 Pfefferkörnern in einen Topf geben. Aufkochen, abschäumen und zugedeckt bei schwacher Hitze 1 1/2 Std. köcheln lassen. Die Brühe durch ein Sieb gießen, sparsam würzen und, wenn die Brühe zu fett ist, abkühlen lassen und etwas Fett abschöpfen. Das Hühnerfleisch anderweitig, zum Beispiel für einen Salat verwenden. Für eine Fleischbrühe statt Poularde oder Hühnerklein 3-4 Markknochen und 600 g Suppenfleisch nehmen und das Ganze knapp 2 Std. mehr ziehen als köcheln lassen. Wenn nötig, mit Küchenkrepp entfetten.

Kleine Mengenlehre

Falls Sie ein Fondue mit weniger oder mehr Personen als bei den Rezepten angegeben planen, hier ein paar Faustregeln fürs Einkaufen. Rechnen Sie pro Person:

- 150 bis 200 g Fleisch und/oder Fisch und Meeresfrüchte.
- 200 g Gemüse, bei einem rein vegetarischen Fondue 300 bis 400 g.
- Falls Sie Fertigsaucen kaufen wollen, insgesamt 150 g pro Person.
- Für Brot als Beilage rechnet man rund 100 g pro Kopf.

Tips und Tricks

- Die Zutaten vor dem Garen nicht oder nur wenig salzen und pfeffern, sonst wird die Brühe überwürzt.
- Die Brühe im Topf muß während des ganzen Essens immer ganz leicht köcheln.
- Fleisch, Fisch, Meeresfrüchte und Gemüse können getrost in einem Fondue gemischt werden.
- Für alle Zutaten, die sich nicht auf Fonduegabeln spießen lassen, sollten Sie Fonduesiebe kaufen. Die kleinen Metallsiebe mit dem langen Stiel gibt es in Asienläden oder Haushaltswarengeschäften.

Fisch-Fondue

- Kalorienarm
- Raffiniert

Für 4–6 Personen:

Fürs Fondue:
200 g Freilandspinat
Salz
300 g Kabeljaufilet
Zitronenpfeffer
300 g Lachsfilet
300 g Heilbuttfilet
3 EL Zitronensaft
800 ml Fischfond (Glas) oder 1 l Hühnerbrühe
1 Döschen gemahlener Safran
2 EL Dillspitzen

Für den Meerrettich-Preiselbeer-Dip:
4 EL Sahne-Meerrettich
3 EL Joghurt
4 EL Preiselbeeren (Glas)
1 EL Zitronensaft
Salz · Pfeffer

Für die Mandel-Knoblauch-Sauce:
2–3 Knoblauchzehen
100 g abgezogene Mandelkerne
6 EL Gemüsebrühe
2 EL Öl · Salz
1–2 EL Zitronensaft

Vorbereitungszeit: 1 Std.

Bei 6 Personen pro Portion ca.: 1530 kJ/370 kcal
35 g Ew/18 g F/11 g Kh

1 Den Spinat verlesen, gründlich waschen, die Stiele abschneiden. Blätter tropfnaß in einen Topf geben, leicht salzen und bei mittlerer Hitze zusammenfallen lassen, kalt abschrecken und sehr gut abtropfen lassen.

2 Für den Meerrettich-Preiselbeer-Dip Meerrettich, Joghurt und 3 EL Preiselbeeren verrühren. Mit Zitronensaft, Salz und Pfeffer abschmecken. Restliche Preiselbeeren daraufgeben.

3 Für die Mandel-Knoblauch-Sauce Knoblauch schälen, mit Mandeln pürieren. Brühe und Öl unterrühren. Mit Salz und Zitronensaft würzen.

4 Kabeljau würfeln, mit Salz und Zitronenpfeffer würzen. Je 2–3 Spinatblätter überlappend nebeneinanderlegen und je einen Fischwürfel darin einwickeln. Lachs in fingerdicke Streifen, Heilbutt in Würfel schneiden. Mit Zitronensaft beträufeln. Alle vorbereiteten Zutaten auf Platten anrichten.

5 Fond und 200 ml Wasser oder die Hühnerbrühe im Fonduetopf aufkochen. Safran darin auflösen, Dill hinzufügen. Fisch darin garen. Mit Saucen genießen.

Curry-Fondue

- Raffiniert
- Braucht etwas Zeit

Für 4 Personen:

Für den Reissalat:
2 rote Chilischoten
100 g tiefgekühlte Erbsen
1 TL Zucker
8 EL Öl
200 g Langkornreis
200 ml Fischfond (Glas)
150 ml trockener Weißwein (ersatzweise Brühe)
1 Mango · 1 Babyananas
Saft von 2 Limetten
5 EL Multivitaminsaft
Salz · Pfeffer · Zucker

Fürs Fondue:
3 Knoblauchzehen
Saft und abgeriebene Schale von 4 Limetten
20 Garnelen ohne Schale
10 Jacobsmuscheln ohne Schale
15 Schollenfilets
1 Stück Ingwerwurzel (ca. 3 cm)
1 Stengel Zitronengras
400 ml ungesüßte Kokosmilch (Dose; Asienladen)
3 EL gelbe Currypaste (ersatzweise 4 EL Currypulver)
600 ml Fischfond (Glas)
2 Bund Basilikum
Holzstäbchen

Vorbereitungszeit: 1 3/4 Std.
Marinierzeit: 2 Std.

Pro Portion ca.: 4250 kJ/1020 kcal
81 g Ew/34 g F/90 g Kh

1 Für den Reissalat die Chilischoten putzen, entkernen und in Streifen schneiden. Mit Erbsen und Zucker in 2 EL Öl anbraten, den Reis darunter mischen und glasig braten. Fond und Wein zugießen. Zugedeckt ohne zu Rühren 10 Min. kochen lassen, bis sich an der Oberfläche Löcher bilden. Dann 10 Min. auf der ausgeschalteten Herdplatte quellen lassen.

2 Die Mango schälen, das Fruchtfleisch vom Kern schneiden und würfeln. Ananas vom Schopf befreien, vierteln und den Strunk entfernen. Fleisch von der Schale lösen und würfeln. Den Limetten- und Multivitaminsaft mit übrigem Öl verrühren, mit Salz, Pfeffer und Zucker würzen. Mit Reis und Früchten mischen. 2 Std. durchziehen lassen.

3 Knoblauch schälen, würfeln und 1 Zehe mit der Hälfte von Limettensaft und -schale verrühren. Garnelen, Muschelfleisch und Schollenfilets abspülen und trockentupfen. Das rote Corail von den Muscheln ablösen, weißes Muskelfleisch quer halbieren. Schollenfilets in etwa 4 cm große Stücke schneiden. Fisch und Meeresfrüchte mit der Marinade mischen, 1 Std. kühl stellen.

4 Den Ingwer schälen, das Zitronengras putzen. Ingwer und das untere Drittel vom Zitronengras fein hacken. Von der Kokosmilch den dicken »Rahm« abnehmen, mit Ingwer, Zitronengras, übrigem Knoblauch, restlicher Limettenschale und Curry vermischen und in einem Topf unter Rühren bei sanfter Hitze 3 Min. köcheln lassen. Die übrige Kokosmilch, restlichen Limettensaft und den Fischfond dazugeben und alles 5 Min. kochen, dann abkühlen lassen.

5 Basilikum waschen und die Blätter abzupfen. Garnelen, Fisch, Muschelfleisch und Corail gut abtropfen lassen und abwechselnd mit den Basilikumblättern auf Holzspießchen stecken. Den Currysud im Fonduetopf erhitzen, die Spießchen darin gar ziehen lassen und mit Fonduesieben herausfischen. Mit Sud und Reissalat genießen.

Im Bild oben: Fisch-Fondue mit Mandel-Knoblauch-Sauce und Meerrettich-Preiselbeer-Dip
Im Bild unten: Curry-Fondue mit Reissalat

Schweinefilet in Chilibrühe

- Kalorienarm
- Gelingt leicht

Für 4 Personen:

Fürs Fondue:
600 g Schweinefilet
250 g Chinakohl
250 g Möhren
4 rote Chilischoten
ca. 3 cm frischer Ingwer
1 1/2 l leichte Fleischbrühe
5 EL helle Sojasauce
Für die süß-saure Sauce:
1 Frühlingszwiebel
2 Knoblauchzehen
ca. 2 cm frischer Ingwer
2 EL Sesamöl
12 EL Brühe
6 EL Tomatenketchup
8 EL Reis- oder Weinessig
4 EL Zucker
1 1/2 TL Speisestärke
Salz · Pfeffer

Vorbereitungszeit: 40 Min.
Gefrierzeit: 1 Std.

Pro Portion ca.: 2050 kJ/490 kcal
28 g Ew/27 g F/37 g Kh

1 Filet in einen Gefrierbeutel wickeln, etwa 1 Std. tiefkühlen.

2 Chinakohl putzen und in fingerbreite, etwa 5 cm lange Streifen schneiden. Die Möhren schälen, waschen, längs in kurze Streifen schneiden.

3 Die Chilischoten waschen, putzen und entkernen. Ingwer schälen und in Scheiben schneiden. Beides für die Brühe beiseite stellen.

4 Für die Sauce die Frühlingszwiebel putzen, den hellen Teil fein hacken, den grünen Teil in dünne Scheiben schneiden. Knoblauch und den Ingwer schälen und fein würfeln.

5 Knoblauch, Ingwer und die hellen Teile der Frühlingszwiebel im Sesamöl andünsten.

6 Brühe, Ketchup, Essig und Zucker unterrühren, aufkochen und zugedeckt 3 Min. köcheln lassen. Stärke mit 2 EL Wasser anrühren, in die Sauce rühren, einmal aufkochen lassen. Mit Salz und Pfeffer abschmecken. In Schälchen füllen und mit Frühlingszwiebelgrün bestreuen.

7 Fleisch trockentupfen und in hauchdünne Scheiben schneiden. Mit Möhren und Chinakohl auf Platten anrichten.

8 Brühe im Fonduetopf aufkochen, Chilischoten, Ingwer und Sojasauce hineinrühren. Filet und Gemüse in Fonduesieben in der Brühe garen. Mit Sauce genießen.

Überraschungs-Fondue

Braucht etwas Zeit
Raffiniert

Für 4 Personen:

Für die Säckchen:
30 g Glasnudeln
2 Stengel frische Minze
2 Stengel Basilikum
100 g Sojabohnensprossen
1 Stengel Zitronengras
1/4 Salatgurke · 1 Zwiebel
200 g Schweinefilet
2 EL Pflanzenöl
1 TL Sesamöl
je 1 TL feingehackter Knoblauch und Ingwer
2 EL Sojasauce
1 EL Fischsauce
1/2 TL Fünfgewürze-Pulver (Asienladen)
Salz · Pfeffer · Zucker
36 Reispapierblätter (16 cm ø; Asienladen)
1 Bund Schnittlauch
Für den Hoisin-Dip:
12 EL Hoisin-Sauce (Asienladen)
3 EL Röstzwiebeln (Fertigprodukt)
Außerdem:
3 Möhren
1 Bund Frühlingszwiebeln
1 1/2 l Hühnerbrühe

Vorbereitungszeit: 1 1/2 Std.

Pro Portion ca.: 1970 kJ/470 kcal
32 g Ew/23 g F/37 g Kh

1 Für die Säckchen die Glasnudeln überbrühen, 5 Min. einweichen, abtropfen lassen und in kurze Stücke schneiden.

2 Kräuter und Sprossen waschen, Kräuter hacken. Zitronengras putzen, das untere Drittel fein schneiden. Gurke schälen, längs halbieren, entkernen, fein würfeln. Zwiebel schälen und würfeln. Filet in kurze, dünne Streifen schneiden.

3 Öle erhitzen, Fleisch darin kräftig anbraten. Zitronengras, Gurke, Zwiebel, Knoblauch, Ingwer und Nudeln, Kräuter und Sprossen unterrühren. Mit Sojasauce, Fischsauce, Gewürzpulver, Salz, Pfeffer und Zucker würzen.

4 Reispapier zwischen nassen Küchentüchern formbar werden lassen. Je 1 TL Füllung in die Mitte setzen, zu Säckchen formen, mit Schnittlauch zubinden. Mit feuchten Tüchern bedecken.

5 Für den Dip die Hoisin-Sauce mit 6-7 EL Wasser verrühren und mit den Röstzwiebeln bestreuen.

6 Gemüse putzen, Möhren in Scheiben, Frühlingszwiebeln in Stücke schneiden, mit den Säckchen anrichten.

7 Säckchen und Gemüse in der heißen Brühe in Fonduesieben garen. Mit Dip beträufeln.

Fondue mit Kasseler

- Braucht etwas Zeit
- Gelingt leicht

Für 4 Personen:

Fürs Fondue:
2 Zwiebeln · 1 EL Öl
500 ml Apfelwein
4 Wacholderbeeren
1 Lorbeerblatt · 2 Nelken
5 schwarze Pfefferkörner
800 g mild gepökeltes Kasseler ohne Knochen
Für den Zwiebelsenf:
2 Zwiebeln · 1 Eigelb
150 g Senf · 100 ml Öl
1 Apfel · Salz · Pfeffer
Für die Kürbissauce:
250 g Kürbisfleisch
1 TL Senfsamen
200 ml Gemüsebrühe
100 g Crème fraîche
Saft von 1/2 Orange
Salz
Cayennepfeffer · Zucker
Für den Weißkohl-Salat:
1 kleiner Weißkohl (800 g)
6 EL Essig · Salz
Pfeffer
Zucker
5 EL Gemüsebrühe
150 g Sahne
2 Möhren
1 Bund Schnittlauch
80 g Walnußkerne

Vorbereitungszeit: 2 Std.
Marinierzeit: 2 Std.

Pro Portion ca.: 4420 kJ/1055 kcal
44 g Ew/74 g F/59 Kh

1 Zwiebeln schälen, in Streifen schneiden, im Öl glasig dünsten. Mit Wein, 600 ml Wasser und Gewürzen 30 Min. köcheln lassen. Brühe durch ein Sieb gießen.

2 Für den Senf Zwiebeln schälen, würfeln, in 200 ml Zwiebelbrühe 5 Min. blanchieren. In ein Sieb schütten. Brühe zurückgießen. Eigelb, Senf und Öl verrühren. Apfel schälen, entkernen, reiben. Mit Zwiebeln zur Senfsauce geben. Salzen, pfeffern.

3 Kürbisfleisch würfeln. Mit Senfsamen in der Brühe weich kochen. Pürieren, durch ein Sieb streichen. Mit Crème fraîche und Saft verrühren. Mit Salz, Cayennepfeffer und Zucker würzen.

4 Kohl putzen, fein hobeln. Mit heißem Wasser überbrühen, gut ausdrücken. Essig mit Salz, Pfeffer, Zucker, Brühe und Sahne verrühren. Mit dem Kohl mischen, 2 Std. marinieren. Möhren schälen und raspeln, Schnittlauch waschen und klein schneiden. Nüsse hacken, alles mit dem Kohlsalat mischen.

5 Kasseler in Streifen schneiden, im Zwiebelsud garen. Saucen und Salat dazu essen.

Fondue alla famiglia

- Gut vorzubereiten
- Braucht etwas Zeit

Für 4–6 Personen:

Fürs Fondue:
300 g Ochsenschwanzknochen
1 Zwiebel
2 Knoblauchzehen
1 Hähnchen (etwa 800 g)
1 Lorbeerblatt
5 Pfefferkörner
1 Bund Suppengrün
250 g Rinderhüfte
250 g Kalbshüfte
200 g feste Mettwurst
Für die Grüne Brotsauce:
100 g italienisches Weißbrot
2 Bund glatte Petersilie
1 Bund Kerbel
3 Knoblauchzehen
2 hartgekochte Eier
100 g Gewürzgurken
1 EL Kapern
3 EL Aceto balsamico (Balsamessig)
2 TL Sardellenpaste
150 ml kaltgepreßtes Olivenöl
Für die Paprikasahne:
1 rote Paprikaschote
1 Zwiebel
2 EL Öl
1 TL Paprikapulver, edelsüß
200 g Sahne
Salz · Pfeffer · Zucker

Vorbereitungszeit: 1 1/2 Std.
Kochzeit für die Brühe: 2 1/2 Std.

Bei 6 Personen pro Portion ca.:
3945 kJ/945 kcal
63 g Ew/62 g F/36 g Kh

1 Am Vortag die Ochsenschwanzknochen überbrühen, mit 2 l kaltem Wasser aufsetzen und langsam aufkochen lassen. Zwiebel und Knoblauchzehen schälen und halbieren.

2 Das Hähnchen häuten und die beiden Brüste vom Knochen lösen. Den Rest mit Zwiebel, Knoblauch, Lorbeer und Pfefferkörnern nach 60 Min. zur Ochsenschwanzbrühe geben, zusammen weitere 60 Min. köcheln lassen. Das Suppengrün putzen, waschen, zur Brühe geben und alles weitere 30 Min. garen.

3 Die Fonduebrühe durch ein Sieb gießen. Das Fleisch von den Knochen lösen und anderweitig verwenden. Die Brühe über Nacht völlig abkühlen lassen und am nächsten Tag das erstarrte Fett abnehmen.

4 Für die Sauce das Brot würfeln und mit 150 ml heißer Fonduebrühe begießen. Kräuter waschen und die Stiele entfernen. Knoblauch schälen und würfeln. Eier pellen und würfeln. Gewürzgurken in Scheiben schneiden. Alles mit Kapern, Essig und Sardellenpaste im Mixer pürieren, das Öl dabei in dünnem Strahl zugeben.

5 Für die Paprikasahne die Paprikaschote putzen, waschen und würfeln. Die Zwiebel schälen und ebenfalls würfeln. Beides im Öl glasig dünsten, mit Paprikapulver bestreuen und mit der Sahne und 100 ml der Fonduebrühe aufgießen. Die Sauce 15 Min. kochen lassen, fein pürieren und durch ein Sieb streichen. Mit Salz, Pfeffer und Zucker abschmecken.

6 Hähnchenbrust, Rind- und Kalbfleisch zuerst quer zur Faser in dünne Scheiben, dann in Streifen schneiden. Wurst pellen und in Scheiben schneiden. Die Paprikasahne erwärmen. Übrige Brühe im Fonduetopf erhitzen. Fleisch und Wurst darin garen. Mit den beiden Saucen servieren.

Im Bild oben: Fondue alla famiglia mit Brotsauce und Paprikasahne
Im Bild unten: Fondue mit Kasseler mit Kürbissauce und Zwiebelsenf.

Wild-Fondue

- Raffiniert
- Kalorienarm

Für 4 Personen:

Fürs Fondue:
700 g Reh- und/oder Hirschfleisch (Keule oder ausgelöster Rücken)
800 g Gemüse (z. B. Rosenkohl, Blumenkohl, Möhren)
Salz
800 ml Wildfond (Glas) oder leichte Fleischbrühe
200 ml trockener Weißwein (ersatzweise Wasser)
1 Stengel frischer Thymian
2 zerdrückte Wacholderbeeren
1 Lorbeerblatt
Pfeffer
Für die Hagebuttensauce:
1/2 unbehandelte Zitrone
250 g Hagebuttenmark (Reformhaus)
4 EL Rotwein (ersatzweise Fleischbrühe)
1 TL Ahornsirup (ersatzweise Honig)
1 EL Gin oder Wodka (nach Belieben)

Vorbereitungszeit: 50 Min.
Gefrierzeit: 1 Std.

Pro Portion ca.: 1875 kJ/450 kcal
43 g Ew/12 g F/21 g Kh

1 Das Fleisch in Alufolie oder einen Gefrierbeutel wickeln und im Gefrierschrank etwa 1 Std. anfrieren lassen.

2 Inzwischen alles Gemüse putzen und waschen. Rosenkohl ganz lassen, Blumenkohl in Röschen teilen, Möhren in Stücke schneiden. Gemüse nach Sorten getrennt in kochendem Salzwasser je 5 Min. blanchieren, kalt abschrecken, abtropfen lassen. Auf Platten dekorativ anrichten.

3 Für die Sauce die Zitronenschale abreiben, den Saft auspressen. Beides mit Hagebuttenmark und Wein glattrühren, mit Ahornsirup und dem Alkohol abschmecken.

4 Wildfond oder Fleischbrühe, Wein und die Gewürze in einem Fonduetopf aufkochen lassen.

5 Das Fleisch mit einem scharfen Messer oder mit dem elektrischen Allesschneider quer zur Faser in dünne Scheiben schneiden. Auf einer Platte dekorativ anrichten und leicht pfeffern.

6 Die Brühe auf das brennende Rechaud stellen. Fleisch und Gemüse auf Fonduegabeln spießen und in der Brühe garen. Mit der Hagebuttensauce servieren.
Als Beilage passen Brot, die Kartoffel-Knoblauch-Sauce (Seite 58) und das Zucchini-Relish (Seite 54).

Wein-Fondue

- Gelingt leicht
- Raffiniert

Für 4 Personen:

Fürs Fondue:
400 g Kalbsfilet
400 g Lammfilet
1 Bund Suppengrün
800 ml Kalbsfond (Glas) oder leichte Fleischbrühe
1 Lorbeerblatt
je 1 TL Pfeffer- und Pimentkörner
600 ml trockener Weißwein
Für die Salsa verde:
4 Bund glatte Petersilie
3 eingelegte Sardellenfilets
1 Knoblauchzehe
2 EL Kapern (Glas)
10 EL Olivenöl
Salz · Pfeffer
2 TL Aceto balsamico (Balsamessig)
2 TL Zitronensaft

Vorbereitungszeit: 30 Min.
Gefrierzeit: 1 Std.

Pro Portion ca.: 3715 kJ/890 kcal
42 g Ew/58 g F/34 g Kh

1 Das Fleisch getrennt in Alufolie oder Gefrierbeutel wickeln und für 1 Std. in den Gefrierschrank legen.

2 Inzwischen das Suppengrün putzen und kleinschneiden. Mit Kalbsfond oder Fleischbrühe, Lorbeerblatt, zerdrückten Pfeffer- und Pimentkörnern aufkochen und zugedeckt etwa 15 Min. köcheln lassen.

3 Für die Salsa verde die Petersilie waschen, die Blättchen abzupfen. Sardellenfilets abspülen. Knoblauch schälen. Alles mit den Kapern pürieren. Öl in dünnem Strahl unterrühren, so daß eine sämige Sauce entsteht. Mit Salz, Pfeffer, Aceto balsamico und Zitronensaft abschmecken.

4 Das Fleisch trockentupfen. Quer zur Faser in dünne Scheiben schneiden. Auf einer Platte anrichten. Brühe durch ein Sieb gießen. Mit dem Wein in einem Fonduetopf erhitzen. Aufs brennende Rechaud stellen.

5 Das Fleisch als Röllchen aufspießen, im Weinfond garen und in die Salsa verde dippen. Als Beilage passen Grissini (knusprige Brotstangen) und das blitzschnelle Saucenquartett (siehe Tipkasten Seite 23).

Im Bild oben: Wild-Fondue
Im Bild unten: Wein-Fondue

Gemüsefondue mit dreierlei Saucen

● Gelingt leicht
● Gut vorzubereiten

Für 4 Personen:

Für die Thunfischsauce:
1 Dose Thunfisch naturell (150 g Inhalt)
75 g Crème fraîche
3 EL Zitronensaft
2 EL Schnittlauchröllchen
Salz · Pfeffer
Für die Käsesauce:
150 g Schafkäse (Feta)
2 EL gehackte Petersilie
1 TL milder Curry
125 ml Milch
Pfeffer · 1 Tomate
Für die Basilikumsauce:
2 Schalotten
2 Bund Basilikum
1 TL Senf
3 EL Rotweinessig
2 EL Aceto balsamico (Balsamessig)
8 EL kaltgepreßtes Olivenöl
Salz · Pfeffer
Fürs Fondue:
1,5–2 kg Frühlingsgemüse (z. B. Romanesco, Bundmöhren, weißer und grüner Spargel, Zuckerschoten, Kohlrabi)
1 1/2 l leichte Gemüsebrühe

Vorbereitungszeit: 1 Std.

Pro Portion ca.: 3730 kJ/785 kcal
37 g Ew/37 g F/82 g Kh

1 Für die Thunfischsauce den Thunfisch abtropfen lassen, mit Crème fraîche und Zitronensaft fein pürieren. Den Schnittlauch unterziehen, die Sauce mit Salz und Pfeffer abschmecken.

2 Für die Käsesauce den Käse zerbröseln, mit Petersilie und Curry in der Milch erwärmen, pürieren und pfeffern. Die Tomate waschen, sehr klein würfeln und unterheben.

3 Für die Basilikumsauce die Schalotten schälen und sehr fein würfeln. Basilikumblättchen von den Stengeln zupfen und hacken. Beides mit Senf, dem Essig und Öl verrühren, mit Salz und Pfeffer abschmecken.

4 Alles Gemüse putzen, waschen, bei Bedarf schälen und in mundgerechte Stücke schneiden. Auf Platten dekorativ anrichten. Die Saucen in Schälchen füllen.

5 Die Gemüsebrühe im Fonduetopf aufkochen und auf das brennende Rechaud stellen. Gemüse in Fonduesieben in der Brühe knackig garen und in die Saucen dippen. Dazu paßt Baguette.

Wiener Fondue

● Raffiniert
● Braucht etwas Zeit

Für 4 Personen:

Fürs Fondue:
200 g Rinderleber
500 g Rinderfilet
700 ml Rinderfond (Glas) oder 1 l Fleischbrühe
250 ml trockener Weißwein (ersatzweise Brühe)
Für den Suppengrünsalat:
2 Stangen Lauch
3 Möhren · 200 g Sellerie
1 Zwiebel
1 Dose weiße Bohnenkerne (400 g Inhalt)
1 Lorbeerblatt · Salz
1 Zweig Liebstöckel
5 EL Weißweinessig
Pfeffer · Zucker
5 EL Sonnenblumenöl
2 EL Kürbiskernöl
Für den Apfelmeerrettich:
2 trockene Brötchen
100 ml Rinderfond (Glas) oder leichte Fleischbrühe
4 aromatische Äpfel
1 EL Obstessig ·1 TL Zucker
1 EL Öl
1 Stück Meerrettichwurzel (3 cm)
Für die Schnittlauchsauce:
2 Bund Schnittlauch
200 ml trockener Weißwein (ersatzweise alkoholfreier Cidre)
3 Eigelb
1 Ei
1/2 TL Speisestärke
50 g Crème fraîche
Salz · Pfeffer

Vorbereitungszeit: 1 1/2 Std.
Marinierzeit: 3 Std.

Pro Portion ca.: 4040 kJ/970 kcal
45 g Ew/50 g F/69 g Kh

1 Die Leber häuten und putzen. Leber und Filet trockentupfen, zuerst in dünne Scheiben, dann in Streifen schneiden. Auf einer Platte anrichten.

2 Für den Salat den Lauch putzen, längs halbieren, waschen und in 1 cm breite Streifen schneiden. Möhren und Sellerie schälen und in etwa 1 cm große Würfel schneiden. Zwiebel schälen und würfeln. Bohnenkerne im Sieb abbrausen.

3 Möhren, Sellerie und Zwiebel mit dem Lorbeerblatt in Salzwasser 10 Min. kochen, in den letzten 3 Min. den Lauch dazugeben. 5 EL Blanchiersud beiseite stellen. Das Gemüse in Eiswasser abschrecken.

4 Liebstöckel waschen, die Blätter hacken und mit Essig, Salz, Pfeffer, Zucker, Blanchiersud und den beiden Ölsorten verrühren. Gemüse damit vermischen und 2 Std. durchziehen lassen.

5 Für den Meerrettich die Brötchen entrinden, in dünne Scheiben schneiden und in Fond oder

Brühe einweichen. Äpfel schälen, entkernen, grob würfeln und mit dem Essig vermischen. Dann mit Zucker im Öl andünsten und zugedeckt in 3-5 Min. knackig dünsten. Meerrettich schälen und grob raspeln. Die Äpfel grob zerstampfen und mit den Brötchen und dem Meerrettich vermischen.

6 Für die Schnittlauchsauce Schnittlauch waschen, in Röllchen schneiden, die Hälfte mit dem Wein aufkochen und durch ein Sieb gießen. Eigelb und Ei im warmen Wasserbad dickschaumig schlagen. Den Wein mit der Stärke verrühren, zugeben und alles zu einer cremigen Sauce aufschlagen. Crème fraîche und übrigen Schnittlauch darunterziehen. Salzen, pfeffern und warm stellen.

7 Fond und 200 ml Wasser oder die Brühe mit Wein im Fonduetopf erhitzen, aufs brennende Rechaud stellen. Das Fleisch darin garen. Mit dem Salat und den Saucen genießen.

Im Bild oben: Gemüsefondue
Im Bild unten: Wiener Fondue

Inter-nationale Fondues

Schon im alten China gab es Fondue. Erfunden wurde es von den Mongolen, die sich an kalten Winterabenden um einen Topf mit brodelnder Brühe, kleingeschnittenem Gemüse und Lammfleisch versammelten, um sich innerlich, aber auch äußerlich am Feuertopf zu wärmen. Der wurde nämlich mit Holzkohle beheizt.

Der Feuertopf

Der Originaltopf trägt seinen Namen, weil er damals über dem offenen Feuer stand. Der Rauch konnte durch den »Kamin« des Topfes abziehen. Die äußere Form des Feuertopfes mit seiner weiten Öffnung und dem »Kamin« in der Mitte ist geblieben, das Einheizen übernimmt inzwischen oft ein Rechaud oder Strom aus der Steckdose. Feuertöpfe gibt es aus Aluminium, Messing, Kupfer oder Stahl. Das Fassungsvermögen von 2-2 1/2 l Brühe ist größer als das eines normalen Fonduetopfes. Eine Anschaffung lohnt sich für alle, die gerne und oft Fondue essen. Feuertopf-Rezepte können Sie aber auch problemlos mit einem normalen Fondueset zubereiten.

Grundausstattung für asiatische Fondues: Feuertopf, Fonduesiebe, Schälchen, Stäbchen und Löffel.

Stilecht genießen

Wenn Sie Spaß daran haben, den Tisch passend zum asiatischen Essen in Szene zu setzen, decken Sie statt Teller und Besteck Eßschälchen, Fonduesiebe und Stäbchen. Dazu einen Porzellanlöffel für die Suppe zum Schluß. Feuer- oder Fonduetopf bilden den Mittelpunkt des Tisches. Drumherum richten Sie die hübsch arrangierten Platten mit den fein geschnittenen Zutaten, die Dips und Beilagen an. Dazu servieren Sie eine große Schüssel Reis. Während des Essens gibt jeder seine Zutaten nach Wahl in die heiße Brühe. Fleisch und Fisch sind, je nach Größe, oft schon in wenigen Sekunden oder Minuten gar. Gemüse soll nur so lange garen, daß es noch den angenehm knackigen Biß hat. Mit dem Fonduesieb oder den Stäbchen wird alles wieder aus dem Topf herausgefischt, ins Eßschälchen gegeben und nach Belieben mit Reis und Dip vermengt. Am Ende des Essens die würzige Brühe in Suppentassen schöpfen und als Abschluß genießen.

Fernöstliche Zutaten

Die asiatische Küche ist nicht zuletzt deswegen so gesund, weil nur ganz frische Zutaten verwendet werden. Die zu bekommen, ist bei uns nicht immer möglich, aber einen Großteil der exotischen Gemüse, Kräuter und Gewürze gibt es in Asienläden, in den Lebensmittelabteilungen großer Kaufhäuser oder in gut sortierten Supermärkten. Frisch gibt es dort schon Ingwerknollen, Chilischoten, Koriandergrün oder Shiitake-Pilze. Bambussprossen sind in guter Qualität in Dosen erhältlich. Und auch getrocknete, asiatische Pilze können Sie beinahe überall kaufen. Das Angebot der asiatischen Produkte wächst fast täglich, so daß es keine große Mühe machen sollte, alle Zutaten für die nachfolgenden Rezepte zu bekommen.

Gar nicht schwer: Mit Stäbchen essen

Asiatisches Fondue schmeckt mit Stäbchen gegessen noch mal so gut - sagen die Kenner. Das Essen mit Stäbchen ist wirklich nicht schwer.
So machen Sie es richtig: Das untere Stäbchen in die Daumenbeuge klemmen und auf der Spitze des halb ausgestreckten Ringfingers abstützen.

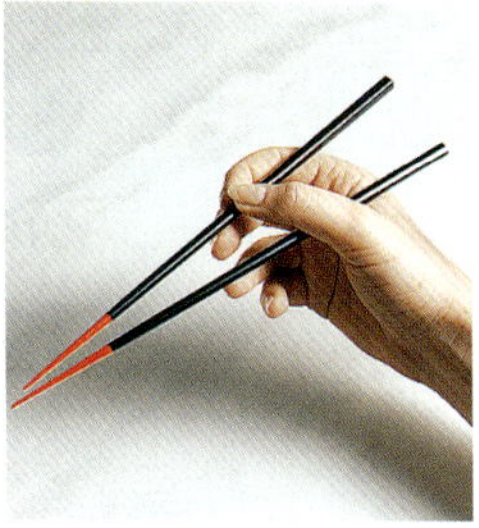

Das obere Stäbchen wie einen Bleistift zwischen Daumenspitze, Zeige- und Mittelfinger halten. Beim Greifen rührt sich das untere Stäbchen nicht, das obere dagegen bewegt sich auf und ab. Und los geht's.

Asiatische Zutaten von links nach rechts: Ingwerknolle, Sojasprossen, Koriandergrün, Chilischoten, Shiitake-Pilze, Zitronengras.

Chinesischer Feuertopf

- Raffiniert
- Braucht etwas Zeit

Für 6-8 Personen:

Fürs Fondue:
je 400 g Schweine- und Hähnchenbrustfilet
50 g Glasnudeln
je 250 g Blumenkohl und Möhren
je 150 g Wirsing und Salatgurke
150 g Sojabohnensprossen
200 g Bambussprossen (Dose)
200 g Wasserkastanien (Dose)
250 g Seezungen- oder Schollenfilet
250 g rohe Garnelenschwänze
2 1/2 l leichte Hühnerbrühe
2 EL Korianderblättchen oder Schnittlauchröllchen
Sojasauce

Für den Ingwer-Dip:
1 Stück frischer Ingwer (3 cm)
1 Knoblauchzehe
1 Frühlingszwiebel
1 frische, rote Chilischote
4 EL helle Sojasauce
2 EL Sake (Reiswein; Asienladen) oder trockener Sherry
1 TL Sesamöl

Außerdem:
1 Rezept Süß-saure-Sauce (Seite 32)

Vorbereitungszeit: 1 1/2 Std.
Gefrierzeit: 1 Std.

Bei 8 Personen pro Portion ca.:
1830 kJ/440 kcal
54 g Ew/15 g F/21 g Kh

1 Schweine- und Hähnchenbrustfilet getrennt in Alufolie oder Gefrierbeutel wickeln und im Gefrierschrank etwa 1 Std. anfrieren lassen.

2 In der Zwischenzeit für den Ingwer-Dip Ingwer und Knoblauchzehe schälen, Frühlingszwiebel und Chilischote putzen und alles fein hacken. Mit Sojasauce, Sake und Sesamöl verrühren. Ingwer-Dip in Schälchen füllen.

3 Die Süß-saure Sauce von Seite 32 zubereiten und ebenfalls in Schälchen füllen.

4 Die Glasnudeln mit heißem Wasser übergießen, 5 Min. einweichen. Anschließend in ein Sieb schütten und gut abtropfen lassen. Mit einer Schere in kürzere Stücke schneiden und zugedeckt für die Brühe beiseite stellen.

5 Alles frische Gemüse waschen, putzen oder schälen. Den Blumenkohl in kleine Röschen teilen, die Möhren in streichholzgroße Stifte, Wirsingblätter in 3 cm breite Streifen schneiden. Die Gurke längs halbieren, dann in 1/2 cm dicke Scheiben schneiden. Die Sojabohnensprossen waschen und gut abtropfen lassen.

6 Bambussprossen und Wasserkastanien getrennt abtropfen lassen, Bambussprossen in 1/2 cm dicke Scheiben schneiden.

7 Beide Fleischsorten mit einem scharfen Messer quer zur Faser in hauchdünne Scheiben schneiden. Den Fisch ebenfalls in sehr dünne Scheiben schneiden.

8 Die Garnelenschwänze aus den Schalen lösen.

9 Mit einem spitzen Messer die Rücken vorsichtig längs einschneiden und den dunklen Darm herausziehen. Garnelen abspülen und gut trockentupfen.

10 Alle vorbereiteten Zutaten nach Sorten getrennt dekorativ auf Platten anrichten und auf den Tisch stellen.

11 Die Hühnerbrühe zum Kochen bringen, in einen Feuertopf (ersatzweise in einen Fleischfonduetopf, kleinen Wok oder einen Topf) füllen und auf das brennende Rechaud stellen. Die Brühe während des gesamten Essens ganz leicht köcheln lassen.

12 Die Zutaten, bis auf die Glasnudeln, nach Belieben zusammenstellen und in Fonduesieben in der Brühe garen.

13 Gegarte Zutaten mit Eßstäbchen in die Dips tauchen und genießen. Eine Anleitung zum Essen mit Stäbchen finden Sie auf Seite 41.

14 Zum Schluß des Fondues die Glasnudeln in der restlichen Hühnerbrühe heiß werden lassen. Korianderblättchen oder Schnittlauchröllchen hineinstreuen. Brühe mit Sojasauce abschmecken und heiß in asiatischen Schälchen oder Suppentassen servieren.

VARIANTE

Der Chinesische Feuertopf schmeckt auch mit kleingeschnittenem Puten- oder Kalbsschnitzel und mit Pilzen sehr lecker. Als Gemüse passen Lauch, Zuckerschoten, Brokkoli, Frühlingszwiebeln und Paprikaschoten. Wer die Dips nicht selbermachen will, kauft im Asienladen eine süß-scharfe Chilisauce oder eine andere Fertigsauce.

Mongolentopf

- Gut vorzubereiten
- Raffiniert

Für 6 Personen:

1,2 kg Lammrücken oder -keule ohne Knochen
10 g getrocknete Shiitake-Pilze (Asienladen)
200 g feine, asiatische Eiernudeln
200 g Langkornreis
300 g Wirsing oder Chinakohl
300 g Staudensellerie
300 g Freilandspinat
1 Bund Koriandergrün
1 EL Sesamöl
2 1/2 l Hühnerbrühe

Außerdem:
Sojasauce, Pflaumensauce, Hoisinsauce (Fertigprodukte, Asienladen)

Vorbereitungszeit: 40 Min.
Gefrierzeit: 1 Std.

Pro Portion ca.: 3420kJ/820 kcal
52 g Ew/39 g F/66 g Kh

1 Fleisch in Gefrierbeutel wickeln und etwa 1 Std. tiefkühlen.

2 Pilze mit kochendem Wasser überbrühen, 30 Min. einweichen. Nudeln und Reis nach Packungsanweisung kochen. Reis warm halten.

3 Alles Gemüse putzen und waschen. Wirsing oder Chinakohl in fingerbreite Streifen, Staudensellerie schräg in Scheiben schneiden. Große Spinatblätter halbieren. Den Koriander abspülen, trockentupfen und die Blättchen von den Stengeln zupfen. Die Pilze abgießen, abspülen und gut abtropfen lassen. Alles auf Platten dekorativ anrichten.

4 Das Fleisch quer zur Faser in hauchdünne Scheiben schneiden. Auf einer Platte anrichten und mit Sesamöl bespinseln. Saucen zum Dippen in Schälchen füllen.

5 Die Brühe aufkochen lassen. Einen Feuer- oder Fonduetopf zur Hälfte damit füllen. Auf dem Rechaud leise köcheln lassen. Gemüse, Pilze, Nudeln und Fleisch in Fonduesieben in der Brühe garen. Mit Eßstäbchen in eine der Saucen dippen und mit Reis und Korianderblättchen genießen. Die Brühe zum Schluß mit Sojasauce abschmecken und in Schälchen servieren.

Koreanischer Feuertopf

- Gelingt leicht
- Raffiniert

Für 6 Personen:

Fürs Fondue:
10 g getrocknete Mu-Err-Pilze (Asienladen)
je 250 g Rindfleisch (Filet oder Hüfte) und Hähnchenbrustfilet
1 Knoblauchzehe
1 TL Zucker
3 EL helle Sojasauce
2 EL Sake (Reiswein, Asienladen) oder trockener Sherry
200 g mageres Schweine- oder Rinderhack
1 Eigelb · Salz · Pfeffer
4 Tropfen Sesamöl
1 EL feingehackte Korianderblätter
je 200 g Möhren, Frühlingszwiebeln und Brokkoli
150 g kleine, geschälte, rohe Garnelen
200 g Rotbarschfilet
250 g Kräuter-Tofu (Sojabohnenquark)
2 1/2 l leichte Rindfleischbrühe

Für den Soja-Dip:
150 ml helle Sojasauce
50 ml Reisessig (Asienladen; ersatzweise milder Weißweinessig)
2 EL geschälte, geröstete Sesamsamen
1/2 sehr fein gehackte Frühlingszwiebel

Für die Suppe:
2 feingehackte Frühlingszwiebeln
1 feingehackte, frische, rote Chilischote

Vorbereitungszeit: 50 Min.

Pro Portion ca.: 1970 kJ/470 kcal
40 g Ew/20 g F/37 g Kh

1 Die getrockneten Pilze mit kochendem Wasser überbrühen und 30 Min. quellen lassen. In der Zwischenzeit das Rindfleisch quer zur Faser in hauchdünne Scheiben, das Hähnchenbrustfilet in Würfel schneiden, beides auf Platten legen.

2 Den Knoblauch schälen, durch eine Presse drücken und mit Zucker, 2 EL Sojasauce und Sake oder Sherry verrühren. Das Fleisch damit bepinseln und zugedeckt kalt stellen.

3 Das Hackfleisch mit Eigelb, Salz, Pfeffer, Sesamöl, restlicher Sojasauce und den Korianderblättchen vermischen. Aus dieser Masse mit angefeuchteten Händen walnußgroße Bällchen formen, kalt stellen.

4 Alles Gemüse putzen, waschen, in kleine, dekorative Stücke schneiden. Garnelen und Fischfilet trockentupfen, das Filet in dünne Scheiben schneiden. Eingeweichte Pilze abgießen, waschen und abtropfen lassen. Den Tofu in kleine Würfel schneiden.

5 Für den Soja-Dip alle Zutaten miteinander vermischen und auf sechs Schälchen verteilen.

6 Fleisch, Fisch, Garnelen, Gemüse, Pilze und Tofu dekorativ auf Platten anrichten. Die Fleischbrühe in einem Topf aufkochen lassen. Einen Feuer- oder Fonduetopf gut zur Hälfte damit füllen, auf das brennende Rechaud stellen und während des gesamten Essens ganz leicht köcheln lassen. Die restliche Brühe zum Nachfüllen warm halten.

7 Beim Essen füllt sich jeder von den Zutaten nach Belieben in ein Fonduesieb und gart sie in der heißen Brühe. Zum Feuertopf den Soja-Dip und eine Schüssel Reis servieren. Wenn alles gegessen ist, Frühlingszwiebeln und Chilischote in die Brühe geben und die Suppe zum Schluß aus Schälchen genießen.

Im Bild oben: Mongolentopf
Im Bild unten: Koreanischer Feuertopf

Sukiyaki

(Japanisches Rindfleischfondue)

● Raffiniert
● Gut vorzubereiten

Für 4 Personen:

100 g Glasnudeln
250 g Tofu (Sojabohnenquark)
1 Bund Frühlingszwiebeln
150 g zarte Mangoldblätter (ersatzweise Spinat)
8 frische Shiitake-Pilze oder große Champignons
500 g Rumpsteak
50 ml Sake (Reiswein, Asienladen) oder Sherry
50 ml Mirin (süßer Reiswein, Asienladen) oder Cream-Sherry
100 ml Hühnerbrühe
100 ml Sojasauce
1 EL Zucker
4 ganz frische Eigelb
2 EL Öl
Pfeffer

Vorbereitungszeit: 50 Min.

Pro Portion ca.: 2670 kJ/640 kcal
35 g Ew/37 g F/35 g Kh

1 Nudeln mit heißem Wasser übergießen, 5 Min. quellen, dann abtropfen lassen und mit einer Schere klein schneiden. Tofu würfeln.

2 Gemüse putzen und waschen. Aus den Pilzen die Stiele herausdrehen. Frühlingszwiebeln in Stücke schneiden. Vom Mangold harte Stiele entfernen, Blätter vierteln.

3 Das Fleisch in dünne Scheiben, dann in schmale Streifen schneiden.

4 Sake oder Sherry, Mirin oder Cream-Sherry, Brühe, Sojasauce und Zucker erwärmen. In einen Krug füllen. Alle Fonduezutaten anrichten. Pro Person 1 Eigelb in ein Schälchen geben, vor das Gedeck stellen.

5 Öl in einem kleinen Wok oder weiten Topf erhitzen, aufs brennende Rechaud stellen. Etwas Fleisch darin anbraten, bis es halb gar ist, an den Rand schieben, ein Drittel der restlichen Zutaten und die Hälfte der Brühe hinzufügen. Alles nur kurz schmoren lassen.

6 Die gegarten Zutaten mit Eßstäbchen in das Eigelb dippen. Übrige Zutaten nach und nach garen. Der Topfboden darf nur gerade mit Brühe bedeckt sein, die Zutaten sollen mehr schmoren als kochen. Kocht die Brühe zu stark ein, mit Wasser auffüllen.

Shabu-Shabu aus Japan

● Raffiniert
● Kalorienarm

Für 6 Personen:

Für die Sesamsauce:
6 EL geschälte Sesamsamen
1 EL Zucker
1 EL Miso (Sojabohnenpaste, Asienladen)
3 EL Mirin (süßer Reiswein, Asienladen) oder Sherry
3 EL Reisessig (Asienladen; ersatzweise milder Weißweinessig)
2 EL Sake (Reiswein, Asienladen) oder trockener Sherry
6 EL Sojasauce
1 TL Senfpulver

Für die Ponzu-Sauce:
100 ml frisch gepreßter Zitronensaft
50 ml Sojasauce
50 ml Wasser

Für beide Saucen:
1 Stück Rettich (150 g)
2 Frühlingszwiebeln

Fürs Fondue:
3 Möhren
2 dünne Stangen Lauch
200 g Chinakohl
18 kleine Shiitake-Pilze oder Egerlinge
250 g Tofu (Sojabohnenquark)
600 g Rinderfilet
1 1/2 l leichte Hühnerbrühe
1 Stück Kombu (getrockneter Seetang, Asienladen; nach Belieben)

Vorbereitungszeit: 1 1/4 Std.

Pro Portion ca.: 1890 kJ/450 kcal
27 g Ew/25 g F/30 g Kh

1 Für die Sesamsauce die Sesamsamen in einer trockenen Pfanne ohne Fett anrösten. Im Mixer pürieren, dann alle übrigen Zutaten daruntermischen. Die Sauce auf sechs kleine Schälchen verteilen.

2 Für die Ponzu-Sauce alle Zutaten miteinander verrühren, auf sechs Schälchen verteilen.

3 Rettich schälen und nicht zu fein reiben. Frühlingszwiebeln putzen, in hauchdünne Scheiben schneiden. Beides getrennt in Schalen füllen.

4 Möhren und Lauch putzen, waschen und in Scheiben schneiden. Kohlblätter waschen und in 3 cm breite Streifen schneiden. Pilze putzen, die Stengel herausbrechen.

5 Tofu würfeln. Fleisch quer zur Faser in hauchdünne Scheiben schneiden, auf einer Platte anrichten. Hühnerbrühe und Kombu in einem Topf zum Kochen bringen.

6 Gemüse, Pilze und Tofu dekorativ anrichten. Den Kombu aus der Brühe nehmen, einen Feuertopf, kleinen Wok, Fleischfonduetopf oder einen anderen breiten Topf zur Hälfte mit Brühe füllen. Auf das brennende Rechaud stellen. Die Sesamsauce und die Ponzu-Sauce mit Frühlingszwiebeln und dem Rettich auf den Tisch stellen.

7 So ißt man Shabu-Shabu: Gemüse, Pilze und Tofu werden in Fonduesieben in der Brühe gegart, die Fleischscheiben dagegen einzeln mit Stäbchen oder einer Fonduegabel nur ganz kurz in der sanft simmernden Brühe einmal hin und her bewegt, denn sie sollten gerade eben ihre rote Farbe verlieren, nicht mehr. Dann in eine der Saucen tauchen. Jeder würzt sich seine Saucen am Tisch selber: die Sesamsauce mit Frühlingszwiebeln und die Ponzu-Sauce mit Rettich und/oder Frühlingszwiebeln.

Im Bild oben: Shabu-Shabu mit Ponzu-Sauce und Sesamsauce
Im Bild unten: Sukiyaki

Piemontesisches Gemüsefondue

(Bagna cauda)

● Gelingt leicht
● Preiswert

Für 4 Personen:

400 g Brokkoli
1 Fenchelknolle
2 kleine Köpfe Radicchio
4 Stengel Staudensellerie
je 1 gelbe, rote und grüne Paprikaschote
2 Zucchini · Salz
2 kleine Stangenweißbrote
Für die Sardellensauce:
100 g eingelegte Sardellenfilets
3–5 Knoblauchzehen
50 g Butter
200 ml Olivenöl

Vorbereitungszeit: 1 Std.

Pro Portion ca.: 5180 kJ/1240 kcal
32 g Ew/66 g F/138 g Kh

1 Alles Gemüse putzen und waschen. Brokkoli in Röschen teilen, 5 Min. in kochendem Salzwasser blanchieren, kalt abschrecken und abtropfen lassen. Fenchelknolle achteln, Radicchio vierteln. Staudensellerie in Stücke, Paprikaschoten in Streifen schneiden. Die Zucchini längs vierteln und dann in 4 cm lange Stücke schneiden.

2 Das Brot in fingerdicke Scheiben schneiden. Brot und Gemüse auf Platten dekorativ anrichten.

3 Für die Sauce die Sardellenfilets unter fließendem, kaltem Wasser abspülen, trockentupfen und kleinschneiden. Knoblauchzehen schälen und fein hacken.

4 Die Butter in einer Pfanne bei schwacher Hitze zerlassen. Den Knoblauch hinzufügen und sanft andünsten, aber nicht bräunen. Das Olivenöl dazugießen und heiß werden lassen, der Knoblauch muß dabei hell bleiben. Die Pfanne vom Herd nehmen.

5 Die Sardellen mit einer Gabel fein zerdrücken, in die Pfanne geben. Das Ganze auf dem Herd bei schwacher Hitze zu einer cremigen Sauce verrühren.

6 Die Pfanne auf ein brennendes Rechaud stellen. Das Gemüse in die heiße, aber nicht kochende Sardellensauce tauchen. Das Brot dazu essen.

Fondue à la USA

- Gut vorzubereiten
- Gelingt leicht

Für 4 Personen:

Für die Orangen-Frischkäse-Sauce:
2 Orangen
200 g Frischkäse
2 EL Schnittlauchröllchen
Salz · weißer Pfeffer
Zucker

Für die Cocktailsauce:
150 g leichte Mayonnaise
150 g Tomatenketchup
2 EL Tomatenmark
1 EL Weinbrand (nach Belieben)
1 Prise Zucker
Salz · Cayennepfeffer
1 EL kleine Tomatenwürfel

Fürs Fondue:
500 g Putenbrustfilet
300 g Rinderfilet
1 große Dose Maiskolben (535 g Inhalt)
1 1/2 l Pflanzenöl
Salz
Pfeffer

Vorbereitungszeit: 30 Min.

Pro Portion ca.: 3565 kJ/850 kcal
45 g Ew/55 g F/49 g Kh

1 Für die Orangen-Frischkäse-Sauce 1 Orange schälen, filetieren und die Filets in kleine Stücke schneiden.

2 Die zweite Orange heiß abspülen, abtrocknen und mit einem Zestenschneider etwas Schale in dünnen Streifen zum Garnieren abziehen. Die Frucht auspressen, den Saft mit dem Frischkäse glattrühren. Orangenstücke und Schnittlauch unterheben. Die Sauce mit Salz, Pfeffer und Zucker abschmecken, mit der Orangenschale garnieren.

3 Für die Cocktailsauce Mayonnaise, Tomatenketchup, Tomatenmark, Weinbrand und Zucker miteinander glattrühren. Die Sauce mit Salz und Cayennepfeffer würzen. Mit Tomatenwürfelchen garnieren.

4 Beide Fleischsorten trockentupfen und in mundgerechte Würfel schneiden. Die Maiskolben abgießen, trockentupfen und in 2 cm große Stücke schneiden. Maiskolben und Fleisch dekorativ auf Platten anrichten.

5 Das Öl in einem Fonduetopf erhitzen, auf das brennende Rechaud stellen. Am Tisch Fleischwürfel und Maisstücke auf Fonduegabeln spießen, im heißen Öl knusprig braten. Anschließend nach Belieben salzen, pfeffern und in die Saucen dippen. Mit ofenwarmem Stangenweißbrot servieren.

Schweizer Käsefondue

(Neuenburger Käsefondue)

- Schnell
- Vegetarisch

Für 4 Personen:

1 Kastenweißbrot (750 g)
1 Knoblauchzehe
300 g Greyerzer
300 g Schweizer Emmentaler
300 ml trockener Weißwein (am besten Neuenburger oder Fendant)
2 TL Zitronensaft
2 gestr. TL Speisestärke
4 EL Kirschwasser
frisch geriebene Muskatnuß
weißer Pfeffer

Zubereitungszeit: 30 Min.

Pro Portion ca.: 4960kJ/1185kcal
59 g Ew/51 g F/97 g Kh

1 Das Weißbrot zuerst in nicht zu dünne Scheiben, dann in mundgerechte Würfel schneiden, in einem Korb oder auf einer Platte anrichten.

2 Die Knoblauchzehe schälen, längs halbieren und das Caquelon oder den Fonduetopf mit den Schnittflächen ausreiben. Beide Käsesorten entrinden und fein hobeln.

3 Den Weißwein und den Zitronensaft in das Caquelon gießen, bei mittlerer Hitze aufkochen lassen. Den Käse hinzufügen und unter ständigem Rühren bei schwacher Hitze schmelzen.

4 Die Speisestärke mit dem Kirschwasser glattrühren, in die Käsemasse gießen und das Ganze unter Rühren einmal aufkochen lassen. Vom Herd nehmen und mit Muskatnuß und Pfeffer abschmecken. Die Käsecreme auf das Rechaud stellen, sie muß während des Essens ständig leise vor sich hin brodeln.

5 Am Tisch jeweils einen Brotwürfel auf die Fonduegabel spießen und die Käsecreme damit umrühren, so bleibt sie schön sämig. Die Gabel mit einem leichten Dreh herausnehmen, damit der Käse nicht tropft.

TIP!

Zum Schweizer Käsefondue schmeckt statt Weißbrot auch kräftiges Roggenbrot. Wer mag, kann den einen oder anderen Brotwürfel mit Kirschwasser tränken, bevor er ihn in die Käsecreme taucht.

Fonduta aus Italien

- Vegetarisch
- Raffiniert

Für 4 Personen:

500 g Fontina (italienischer Rohmilchkäse)
200 ml Milch
1 Stangenweißbrot
300 g Brokkoli
2 Möhren
Salz
1 EL Butter
2 TL Mehl
3 Eigelb
weißer Pfeffer

Zubereitungszeit: 45 Min.
Marinierzeit: 3-4 Std.

Pro Portion ca.: 3925 kJ/940 kcal
48 g Ew/51 g F/72 g Kh

1 Den Käse entrinden und in kleine Würfel schneiden. Mit der Milch in eine Schüssel geben, zugedeckt mindestens 3-4 Stunden oder über Nacht ziehen lassen.

2 Das Stangenweißbrot in mundgerechte Stücke schneiden. Den Brokkoli putzen und in kleine Röschen zerteilen, dicke Stiele schälen und in zentimeterdicke Scheiben schneiden. Die Möhren schälen, waschen und schräg in zentimeterdicke Scheiben schneiden.

3 Die Brokkoliröschen, -stiele und die Möhrenscheiben in sprudelnd kochendem Salzwasser 5 Min. blanchieren. Herausheben, eiskalt abschrecken und sehr gut abtropfen lassen. Brot, Brokkoli und Möhren auf Platten anrichten.

4 Die Butter in einem kleinen Topf bei mittlerer Hitze schmelzen lassen. Das Mehl hinzufügen, unter Rühren kurz anschwitzen und in eine Edelstahlschüssel mit abgerundetem Boden umfüllen.

5 Die Schüssel in ein Wasserbad stellen. Den Käse mit der Milch in die Schüssel geben. Unter kräftigem Rühren bei schwacher Hitze schmelzen lassen. Das Wasser darf dabei nur leicht simmern, nicht sprudelnd kochen.

6 Sobald der Käse völlig geschmolzen ist, die Temperatur des Wasserbades erhöhen. Nach und nach unter kräftigem Rühren das Eigelb hinzufügen. So lange rühren, bis eine dicke, cremige Masse entstanden ist, die keine Fäden mehr zieht.

7 Die Käsemasse mit Pfeffer würzen, in einen vorgewärmten Fonduetopf umfüllen und bei milder

Hitze aufs Rechaud stellen. Die Masse soll heiß bleiben, darf aber auf keinen Fall kochen, weil sie sonst gerinnt.

8 Am Tisch jeweils ein Stück Brot, Brokkoli oder Möhre auf eine Fonduegabel spießen und durch die Käsemasse ziehen. Dabei in weiten Achterbewegungen rühren, damit das Fondue sämig bleibt.

TIP!

Wer sich's leisten kann, gönnt sich zur Fonduta hauchdünn gehobelte Scheiben von einer frischen weißen Trüffel – stilecht wie im Piemont. Falls Sie keinen Fontina bekommen, können Sie statt dessen Provolone oder italienischen Bergkäse, aber auch eine Mischung von beiden verwenden.

Im Bild oben: Fonduta
Im Bild unten: Schweizer Käsefondue

Extras: Raffinierte Beilagen und süße Fondues

Salate, Chutneys, Pickles, Relishes und Kräuterdips runden die kulinarische Vielfalt eines herzhaften Fondues ab. Salate sollten möglichst frisch serviert werden. Chutneys, Pickles, Relishes und Kräutersaucen, wie zum Beispiel Pesto, lassen sich prima ein paar Tage vorher zubereiten. In Schraubverschlußgläsern gefüllt kann man sie sogar einige Wochen oder gar Monate lagern. Auch zum Käsefondue passen diese gewürzten Beilagen gut.

Saucen und Beilagen: Je mehr, je lieber!

Gerade die Saucen und Beilagen machen ein Fondue-Essen zum Erfolg. Lassen Sie sich von der Auswahl in diesem Buch inspirieren und variieren Sie nach Lust und Laune Fonduezutaten des einen Rezeptes mit Saucen eines anderen Rezeptes. Wenn es mal schnell gehen muß, finden Sie im Handel ein großes Sortiment an fertigen Fonduesaucen. Diese können Sie pur verwenden oder mit ein paar Kräutern aufpeppen. Zusätzlich zu den Rezepten in diesem Buch können Sie beliebige Blatt- oder Gemüsesalate sowie gekaufte Chutneys und Relishes anbieten. Bis auf die asiatischen Fondues, zu denen Reis serviert wird, sollten Sie zu allen anderen Fondues reichlich Brot einplanen.

Selbstgemachte Chutneys und Relishes nach dem Einfüllen immer sofort auf den Kopf stellen. Der kleine Dreh hilft, daß kein Sauerstoff und damit auch keine Bakterien an das Eingemachte kommen.

Wenn Reste bleiben ...

Gemüse, Salate und Saucen zugedeckt in den Kühlschrank stellen, sie schmecken am nächsten Tag gut zu Pellkartoffeln und Fleisch, zu Frikadellen und Aufschnitt. Fleisch und Fisch kann wie Brot eingefroren werden.
Aus übrigem Reis läßt sich mit etwas Gemüse, 1 Zwiebel und etwas Curry eine Reispfanne zubereiten. Wenn nur Gemüse übrig bleibt, können Sie davon eine Suppe kochen oder es dünsten.

Und zum Abschluß etwas Süßes

Süße Fondues haben ihre treuesten Anhänger bei weitem nicht nur unter den Kindern. Erwachsene mögen es vor allem nach einem leichten Essen anstelle eines Desserts oder einfach nur so zwischendurch. Zur Zubereitung brauchen Sie keine große Ausrüstung. Ein eher kleiner, feuerfester Topf ist dafür genau richtig. Zum Warmhalten genügt ein Stövchen mit ein oder zwei Teelichtern. Fonduegabeln sind zum Aufspießen am besten geeignet.

Leckere Vielfalt

Ebenso wie die pikanten Fondues kann man auch die süßen nach Herzenslust variieren. Neben der klassischen Zubereitung mit Schokolade bieten sich auch etwas leichtere Saucen zum Dippen an. Zum Beispiel Vanille- und Fruchtsaucen oder die mit einem Hauch Exotik. Die Saucen können mit Gewürzen, Nüssen, Mandeln oder Rosinen verfeinert werden. Falls keine Kinder mitessen, auch mit Likör, Obstwasser, Sherry oder Weinbrand.

Ein besonderer Genuß: Sherry-Sabayon

Diese edle und luftige Fondue-Variante für 4–6 Erwachsene bereiten Sie so zu: 3 Eigelb und 1 ganzes Ei mit 90 g Zucker in einer Schüssel cremig, aber nicht schaumig rühren. Die Schüssel in ein warmes Wasserbad setzen. Dann 10 EL Sherry (Amontillado, Oloroso oder Cream) hinzufügen. Das Ganze dickschaumig aufschlagen, aber nicht aufkochen lassen. Die Sabayon sofort in eine vorgewärmte, feuerfeste Schüssel füllen und auf ein Stövchen setzen. Stückchen von frischem Obst auf Fonduegabeln spießen und durch die warme Sherry-Sabayon ziehen.

Was läßt sich dippen und stippen?

Grundsätzlich alles, was einen süßen oder süßsäuerlichen Geschmack hat und sich, von seiner Konsistenz her, gut auf spießen läßt. Hauptsächlich sind das alle einheimischen und exotischen Obstsorten. Das Obst wird geputzt, gewaschen, eventuell geschält und abgetrocknet. Beeren, Datteln, Kirschen, Kumquats und Trauben können ganz bleiben, die anderen Früchte werden in mundgerechte Stücke geschnitten. Obst, das sich an der Luft schnell verfärbt, wie Äpfel, Birnen, Bananen und Aprikosen, sollten Sie nach dem Zerkleinern sofort mit etwas Zitronensaft beträufeln. Gut zu süßem Fondue schmecken auch Plätzchen, Makronen, Löffelbiskuits, Baisers und gewürfelter Rührkuchen.

Gebäck und frische Früchte passen hervorragend zur warmen Sherry-Sabayon.

Süß-scharfes Gemüse

- Gelingt leicht
- Kalorienarm

Für 4 Personen:

200 g Brokkoli oder Blumenkohl
1 Möhre
1 kleine, gelbe Paprikaschote
100 g Cocktailtomaten
50 g Maiskölbchen (Glas)
1 Stück frischer Ingwer (3 cm)
2 kleine, rote Chilischoten
3 EL Öl · 1 Lorbeerblatt
2 Gewürznelken
2 EL mildes Currypulver
1/2 TL gemahlener Koriander
Salz · 70 g Zucker
150 ml Weißweinessig
1 TL abgeriebene, unbehandelte Zitronenschale

Zubereitungszeit: 40 Min.
Marinierzeit: 1–2 Tage

Pro Portion ca.: 780 kJ/190 kcal
3 g EW/6 g F/33 g KH

1 Brokkoli oder Blumenkohl, Möhre, Paprikaschote und Tomaten waschen und putzen. Brokkoli oder Blumenkohl in kleine Röschen teilen, die Möhre schräg in dünne Scheiben schneiden. Paprikaschote in kleine Rauten oder Streifen schneiden, Tomaten halbieren.

2 Die Maiskölbchen abtropfen lassen. Ingwer schälen und fein würfeln. Die Chilischoten putzen, längs halbieren, entkernen und in feine Streifen schneiden.

3 Das Öl in einem Topf erhitzen. Lorbeerblatt und Gewürznelken darin bei mittlerer Hitze anbraten, bis sie duften. Den Topf vom Herd nehmen. Currypulver und Koriander zugeben und kurz anschwitzen. Salz, Zucker, Essig, Zitronenschale und 300 ml Wasser hinzufügen und untermischen.

4 Den Sud aufkochen lassen. Das Gemüse, bis auf die Maiskölbchen und Tomaten, hineingeben und darin 4 Min. kochen.

5 Den Topf vom Herd nehmen, Mais und Tomaten unter das Gemüse mischen, alles noch 1 Min. kochen, dann zugedeckt im Sud abkühlen lassen. Gemüse zugedeckt im Kühlschrank mindestens 1 Tag, besser aber 2 Tage, durchziehen lassen, dabei öfter umrühren.

6 Zum Servieren die Gemüsemischung aus dem Sud heben, gut abtropfen lassen und in eine Schüssel füllen.

Zucchini-Relish

- Gut vorzubereiten
- Preiswert

Für 4 Personen:

500 g Zucchini
5 Schalotten
1 säuerlicher Apfel
80 g Zucker · 1/2 TL Salz
4 EL trockener Sherry
1 Lorbeerblatt
1 EL bunte Pfefferkörner
2 Knoblauchzehen
150 ml Kräuter- oder Weißweinessig
2 TL Meerrettich (Glas)
2 EL Olivenöl
2 EL gehackte Petersilie

Zubereitungszeit: 40 Min.
Marinierzeit: über Nacht

Pro Portion ca.: 950 kJ/230 kcal
3 g Ew/7 g F/38 g Kh

1 Am Abend vorher die Zucchini waschen und putzen. Schalotten schälen, beides fein würfeln. Den Apfel schälen, vierteln, entkernen und in kleine Würfel schneiden.

2 Zucchini-, Schalotten- und Apfelwürfel mit Zucker, Salz und Sherry vermischen. Abgedeckt über Nacht an einem kühlen Ort marinieren.

3 Am anderen Tag die Mischung in ein Sieb schütten, den Sud dabei auffangen. Sud in einen weiten Topf gießen, das Lorbeerblatt und die leicht zerdrückten Pfefferkörner hinzufügen. Die Knoblauchzehen schälen und in den Sud pressen. Sud ohne Deckel bei starker Hitze auf die Hälfte einkochen lassen.

4 Anschließend Essig sowie die Frucht- und Gemüsestücke zum Sud geben. Bei mittlerer Hitze im offenen Topf köcheln lassen, bis alle Flüssigkeit verdampft ist. Dabei ab und zu umrühren. Das Lorbeerblatt entfernen.

5 Relish mit Meerrettich abschmecken und abkühlen lassen. Kurz vor dem Servieren Öl und Petersilie untermischen.

TIP!

Es lohnt sich, vom Relish gleich eine größere Menge zuzubereiten. Es ist bis zu 3 Monaten haltbar, wenn Sie es noch heiß in Schraubverschlußgläser füllen, verschließen und auf dem Deckel stehend abkühlen lassen. Kühl und dunkel aufbewahren.

Im Bild oben: Süß-scharfes Gemüse
Im Bild unten: Zucchini-Relish

Tomaten-Gurken-Chutney

- Preiswert
- Kalorienarm

Für 4 Personen:

1 EL gelbe Senfkörner
2 EL Weißweinessig
200 g Schmor- oder Salatgurke
1 Zwiebel · 500 g Tomaten
1 TL Zucker · Salz · Pfeffer
1 EL Tomatenmark
3 EL trockener Sherry

Zubereitungszeit: 40 Min.

Pro Portion ca.: 305 kJ/70 kcal
2 g EW/1 g F/11 g Kh

1 Senfkörner in einem Topf mit Essig und 5 EL Wasser zugedeckt 5 Min. sanft köcheln lassen.

2 Gurke waschen, längs halbieren, entkernen und klein würfeln. Zwiebel schälen, klein würfeln. Beides zu den Senfkörnern geben und offen 10 Min. köcheln lassen.

3 Inzwischen die Stielansätze der Tomaten entfernen. Tomaten überbrühen, häuten, halbieren, entkernen und würfeln.

4 Tomaten, Zucker, Salz, Pfeffer und Tomatenmark in den Topf geben. Alles zusammen offen in ca. 15–20 Min. dicklich einköcheln lassen. Vom Herd nehmen, Sherry unterrühren, abkühlen lassen. Das Chutney vor dem Servieren nochmals mit Salz, Zucker, Pfeffer und Essig abschmecken.

Zwiebel-Chutney

- Kalorienarm
- Raffiniert

Für 4 Personen:

500 g Zwiebeln
1-2 frische, rote Chilischoten
2 EL Rosinen
1/8 l Weißweinessig
1/8 l Wasser
2 EL Honig
Salz
1/2 TL Kurkumapulver
2 Gewürznelken
1 Msp. gemahlener Piment
Pfeffer

Zubereitungszeit: 45 Min.

Pro Portion ca.: 350 kJ/85 kcal
2 g EW/0 g F/21 g Kh

1 Die Zwiebeln schälen und, je nach Größe, vierteln oder achteln, dabei die Wurzelenden entfernen. Chilischoten waschen, putzen und in hauchdünne Ringe schneiden.

2 Zwiebeln und Chilischoten mit Rosinen, Essig und Wasser in einen Topf geben und bei mittlerer Hitze zum Kochen bringen. Honig, 1/2 TL Salz, Kurkumapulver, Gewürznelken und Piment unterrühren.

3 Das Ganze im offenen Topf bei mittlerer Hitze unter gelegentlichem Rühren in 20-30 Min. zu einer dicklichen Masse einköcheln lassen. Das Chutney abkühlen lassen und mit Salz und Pfeffer abschmecken.

Apfel-Ingwer-Chutney

● Preiswert
● Gelingt leicht

Für 4 Personen:

2 Zwiebeln
500 g aromatische Äpfel (z.B. Cox Orange)
4 getrocknete Aprikosen
50 g Ingwerwurzel
2 EL Öl
5 EL Obst- oder Weißweinessig
70 g brauner Zucker
1/2 TL gemahlener Koriander
Salz · Pfeffer

Zubereitungszeit: 50 Min.

Pro Portion ca.: 1005 kJ/240 kcal
2 g EW/4 g F/53 g Kh

1 Die Zwiebeln schälen, vierteln und in dünne Streifen schneiden. Äpfel schälen, vierteln, entkernen und in Scheiben schneiden. Aprikosen fein hacken. Den Ingwer schälen und sehr fein würfeln.

2 Das Öl in einem Topf erhitzen. Zwiebeln darin glasig dünsten. Äpfel hinzufügen, kurz mitdünsten. Aprikosen, Essig und Zucker unterrühren, alles aufkochen lassen.

3 Ingwer, Koriander, Salz, Pfeffer und 3 EL Wasser in den Topf geben. Die Masse offen bei mittlerer Hitze in 20-30 Min. unter häufigem Rühren dicklich einkochen lassen. Abgekühlt mit Salz und Pfeffer abschmecken.

Ananas-Chutney

● Raffiniert
● Gut vorzubereiten

Für 4 Personen:

1 mittelgroße Ananas (1 kg)
1-2 rote Chilischoten (ersatzweise Cayennepfeffer)
20 g Ingwerwurzel
1 Zwiebel
100 g Zucker
100 ml frisch gepreßter Zitronensaft
Salz
frisch gemahlene Muskatnuß
2 EL gehackte Mandeln

Zubereitungszeit: 50 Min.

Pro Portion ca.: 780 kJ/190 kcal
2 g EW/3 g F/42 g Kh

1 Die Ananas schälen, Strunk und »Augen« entfernen, das Fruchtfleisch in kleine Würfel schneiden. Chilischoten waschen, entkernen und in Ringe schneiden. Ingwer und Zwiebel schälen, beides sehr fein würfeln.

2 Den Zucker in einem Topf zu hellbraunem Karamel schmelzen. Mit Zitronensaft ablöschen und glattrühren. Ananas, Chilischoten, Ingwer und Zwiebel hinzufügen. Alles zugedeckt bei mittlerer Hitze in 25-30 Min. unter gelegentlichem Rühren dicklich einköcheln lassen.

3 Das Chutney mit Salz und Muskatnuß abschmecken, die Mandeln unterheben.

Kartoffel-Knoblauch-Sauce

- Preiswert
- Gelingt leicht

Für 4 Personen:

300 g Kartoffeln
3 Knoblauchzehen
2 EL gemahlene Mandeln
1 EL gehackte Petersilie
4 EL kaltgepreßtes Olivenöl
5-6 EL Gemüse- oder Hühnerbrühe
3-4 EL Zitronensaft
Salz
6 schwarze, entsteinte Oliven
ein paar Petersilienblättchen zum Garnieren

Zubereitungszeit: 45 Min.

Pro Portion ca.: 610 kJ/145 kcal
3 g Ew/9 g F/14 g Kh

1 Die Kartoffeln waschen und samt der Schale mit wenig Wasser bedeckt in 30 Min. garen. Danach kalt abschrecken und pellen. Anschließend entweder durch die Kartoffelpresse drücken oder durch ein Sieb streichen.

2 Die Knoblauchzehen schälen, durch die Knoblauchpresse zu den Kartoffeln drücken. Mandeln, Petersilie, Öl, 5 EL Brühe, 3 EL Zitronensaft und etwas Salz dazugeben. Alles kräftig verrühren, bis die Kartoffelmasse hell und cremig ist. Wenn nötig, noch etwas Brühe und Zitronensaft zugeben. Mit Salz abschmecken. Anschließend zugedeckt mindestens 2 Std. kalt stellen.

3 Vor dem Servieren die Oliven in feine Streifen schneiden. Die Kartoffel-Knoblauch-Sauce in ein Schälchen füllen, mit Olivenstreifen bestreuen und mit Petersilienblättchen garnieren. Leicht gekühlt, aber nicht kalt servieren.

VARIANTE

Zur Abwechslung 2 EL feingewürfelte rote Paprikaschote oder 2 EL feingeraspelte Zucchini untermischen. Die Sauce mit Salz und Pfeffer abschmecken und, damit sie schön cremig bleibt, noch etwas Brühe oder Olivenöl hinzufügen.

Petersilien-Walnuß-Pesto

- Gut vorzubereiten
- Raffiniert

Für 4 Personen:

30 g Walnußkerne
3 große Bund glatte Petersilie
2 Knoblauchzehen
50 g Parmesan oder Pecorino am Stück (italienische Hartkäse)
Salz
etwa 100 ml kaltgepreßtes Olivenöl
schwarzer Pfeffer

Zubereitungszeit: 30 Min.

Pro Portion ca.: 1570 kJ/375 kcal
14 g Ew/29 g F/20 g Kh

1 Die Walnußkerne grob hacken. In einer kleinen Pfanne ohne Fett unter Rühren kurz anrösten, bis sie duften. Dann aus der Pfanne nehmen und abkühlen lassen.

2 Die Petersilie verlesen, waschen und trockenschütteln. Die Blättchen von den Stengeln zupfen und grob hacken. Den Knoblauch schälen, ebenfalls grob hacken. Den Käse in kleine Stücke brechen oder schneiden.

3 Petersilienblättchen, Walnüsse, Knoblauch, Käse, 1/4 TL Salz und etwa 70 ml Olivenöl mit einem Pürierstab oder in einem Mixer fein pürieren.

4 Nach und nach noch soviel Öl darunterrühren, daß eine glatte und cremige Paste ensteht. Pesto mit Salz und Pfeffer abschmecken.

VARIANTE

In den Sommermonaten können Sie statt der Petersilie frisches Basilikum oder auch halb Petersilie und halb Basilikum nehmen. Die Walnüsse lassen sich gut gegen geschälte Haselnüsse oder Mandeln austauschen.

TIP!

Das Pesto kann sehr gut vorbereitet werden. Am besten in ein Glas mit Schraubverschluß füllen, glattstreichen und die Oberfläche mit Öl bedecken. So hält es sich gut 2-3 Wochen im Kühlschrank.

Im Bild oben: Petersilien-Walnuß-Pesto
Im Bild unten: Kartoffel-Knoblauch-Sauce

Schokoladen-Obst-Fondue

● Gelingt leicht
● Schmeckt Kindern

Für 4 Personen:

800 g Obst der Saison (z. B. Erdbeeren, Kirschen, Pfirsiche, Nektarinen, Äpfel, Birnen, Trauben, Mandarinen, Bananen)
4 EL Zitronensaft
50 g Mandelblättchen
50 g feingehackte Walnußkerne
100 g Amaretti (ital. Mandelgebäck)
200 g Zartbitter-Schokolade
1 unbehandelte Orange
200 g Sahne
Prise Salz

Vorbereitungszeit: 30 Min.

Pro Portion ca.: 2715 kJ/650 kcal
9 g Ew/40 g F/77 g Kh

1 Das Obst, je nach Sorte, putzen oder schälen, entkernen und in mundgerechte Stücke schneiden. Pfirsiche, Nektarinen, Äpfel, Birnen und Bananen mit Zitronensaft beträufeln, damit sie sich nicht verfärben. Obst auf einer Platte anrichten.

2 Mandeln, Walnüsse und Amaretti auf Schälchen verteilen. Schokolade in Stücke brechen. Orange abspülen und abtrocknen. Die Hälfte der Schale abreiben, den Saft auspressen.

3 Sahne mit Orangensaft, -schale und Salz erhitzen. Die Schokolade darin bei schwacher Hitze unter Rühren schmelzen.

4 Die Schokoladencreme in einen kleinen, vorgewärmten, feuerfesten Topf umfüllen, auf ein brennendes Kerzen-Rechaud stellen und warm halten.

5 Obst und Amaretti auf Fonduegabeln spießen und durch die Schokocreme ziehen. Abtropfen lassen und in Mandelblättchen oder Walnußkerne dippen.

VARIANTE

Wenn nur Erwachsene mitessen, können Sie 2-3 EL Alkohol unter die Sahne rühren, bevor Sie die Schokolade schmelzen, zum Beispiel Weinbrand, Whisky, Rum, Sherry, Orangen-, Pfefferminz- oder Kaffeelikör. Die Schokoladensorten lassen sich nach Belieben variieren und auch gut mischen.

Exoten-Kokos-Fondue

- Raffiniert
- Kalorienarm

Für 4 Personen:

7 Orangen (davon 2 unbehandelte)
4 Limetten (ersatzweise 3 Zitronen)
1 kleine, frische Kokosnuß (ersatzweise 100 g Kokosraspel)
1 Babyananas · 2 Kiwis
1 Karambole (Sternfrucht)
1 Papaya
1 reife Mango
150 g Physalis (Kap-Stachelbeeren)
2 TL Palmzucker (ersatzweise brauner Zucker)

Vorbereitungszeit: 40 Min.

Pro Portion ca.: 1140 kJ/275 kcal
5 g Ew/5 g F/70 g Kh

1 Unbehandelte Orangen und 2 Limetten abspülen, abtrocknen, Schale abreiben. Alle Orangen und Limetten auspressen.

2 Zwei der drei Keimpunkte der Kokosnuß, die »Augen«, mit Hammer und Nagel öffnen, das Kokoswasser durch ein Sieb in eine Schüssel abgießen. Die Schale der Nuß knakken, indem man sie von allen Seiten mit dem Hammer aufklopft. Das Fruchtfleisch von den Schalen lösen, auf einer Gemüsereibe fein raspeln und auf vier Schälchen verteilen.

3 Die Ananas vierteln, Strunk herausschneiden, Fruchtfleisch von der Schale lösen und in mundgerechte Stücke schneiden. Kiwis schälen und achteln. Die Karambole waschen und in Scheiben schneiden, je nach Größe, halbieren oder vierteln.

4 Die Papaya schälen, längs halbieren, entkernen und würfeln. Die Mango schälen, das Fruchtfleisch in dicken Scheiben vom Stein abschneiden, dann in Stücke schneiden. Physalis aus der Hülle lösen, waschen und halbieren.

5 Alle Früchte dekorativ auf einer Platte anrichten. In einem Fleischfonduetopf Orangensaft und -schale, Limettensaft und -schale, Kokoswasser und Palmzucker vermischen, unter Rühren erhitzen.

6 Den Früchtesud auf ein brennendes Rechaud stellen, das Obst auf Fonduegabeln spießen und etwa 2 Min. in den heißen Sud tauchen. Danach in den Kokosraspeln wenden.

Impressum

© 1997 Gräfe und Unzer Verlag GmbH, München. Alle Rechte vorbehalten. Nachdruck, auch auszugsweise, sowie Verbreitung durch Film, Funk und Fernsehen, durch fotomechanische Wiedergabe, Tonträger und Datenverarbeitungssysteme jeglicher Art nur mit schriftlicher Genehmigung des Verlages.

Redaktion: Christine Wehling
Lektorat: Christiane Kührt
Layout, Typographie, Umschlaggestaltung:
Heinz Kraxenberger
Herstellung: Renate Hausdorf
Produktion: Helmut Giersberg
Fotos: Reiner Schmitz, Teubner 8 (Tomaten), 17 (Öl)
Satz: Computersatz Wirth
Reproduktion: Imago
Druck: Appl, Wemding
Bindung: Sellier, Freising

Marlisa Szwillus
wurde die Liebe zum Kochen in die Wiege gelegt, denn ihre Eltern legen großen Wert auf gutes Essen und die beste Qualität der Lebensmittel. So wuchs die Freude am Kochen und Genießen. Aus dem Hobby wurde Berufung; Studium der Oecotrophologie, dann Redaktion im Kochressort einer großen Frauenzeitschrift. Im Anschluß daran leitete sie mehrere Jahre lang das Kochressort der größten deutschen Food- und Haushaltszeitschrift. Seit 1993 ist sie als freie Food-Journalistin und Kochbuchautorin tätig.

Reiner Schmitz
begann seine berufliche Laufbahn in Düsseldorf und München als Assistent bei verschiedenen Food- und Stillife-Fotografen. 1989 machte er sich als Foto-Designer in diesen Spezialgebieten selbständig. Zu seinen Kunden zählen Industrie, Werbeagenturen und Verlage. Besonderen Wert legt Reiner Schmitz auf stimmungsvolle Aufnahmen, die die natürliche Frische der Lebensmittel wiedergeben. Die Fotos dieses Buches entstanden in enger Zusammenarbeit mit dem Koch und Foodstylisten Rudolf Vornehm.

H

I

J

K

M

N

O

P

R

S

ABKÜRZUNGEN

TL = Teelöffel
EL = Eßlöffel
Msp. = Messerspitze

KJ = Kilojoules
Kcal = Kilokalorien
Ew = Eiweiß
F = Fett
Kh = Kohlenhydrate

DAS ORIGINAL · GU · MIT GARANTIE

Das Original mit Garantie

Unsere Garantie: Sollte ein GU-Ratgeber einmal einen Fehler enthalten, schicken Sie uns bitte das Buch mit einem kleinen Hinweis und der Quittung innerhalb von sechs Monaten nach dem Kauf zurück. Wir tauschen Ihnen den GU-Ratgeber gegen einen anderen zum gleichen oder ähnlichen Thema um.

Ihr Gräfe und Unzer Verlag
Redaktion Kochen
Postfach 86 03 25
81630 München
Fax: 089/41981-113
e-mail: leserservice@graefe-und-unzer.de

WICHTIGER HINWEIS

Beim Fondue-Essen brennt unter dem Topf eine offene Flamme - und damit besteht **Feuergefahr.** Achten Sie darauf, daß der Topf sicher auf dem Rechaud steht und **lassen Sie das Fondue auf dem Tisch nie unbeobachtet,** besonders, wenn Kinder im Raum sind. Füllen Sie niemals Spiritus oder Brennpaste in den Brenner, wenn die Flamme noch brennt oder der Behälter noch heiß ist. Lassen Sie ihn erst etwa 5 Minuten abkühlen, bevor Sie ihn nachfüllen. Beim Öl-Fondue ist besondere Vorsicht geboten: Überschwappendes Öl kann sich leicht entzünden. **Sollte das Fondue einmal brennen, löschen Sie es auf keinen Fall mit Wasser,** sondern versuchen Sie, das Feuer zu ersticken. Erhitzen Sie im Steingut- oder Keramiktopf fürs Käsefondue niemals Öl oder Brühe - er könnte platzen.